LAS AVENTURAS DE HÉCTOR

1

Pedro Casals

El misterio de los traficantes de arte

ADAPTACIÓN PEDAGÓGICA
Ben Christensen
San Diego State University

Heinle & Heinle Publishers
A Division of Wadsworth, Inc.
Boston, Massachusetts 02116

Vice President and Publisher: **Stanley J. Galek**
Editorial Director: **Carlos Davis**
Production Editor: **Patrice Titterington**
Editorial Production Manager: **Elizabeth Holthaus**
Manufacturing Coordinator: **Jerry Christopher**
Project Manager: **Sharon Buzzell Inglis**
Internal Design: **Barbara Goodchild**
Cover Design: **Alan Bortman**

```
Casals Aldama, Pedro, 1944-
   El misterio de los traficantes de arte / Pedro Casals ; adaptación
pedagógica, Ben Christensen.
      p.    cm. -- (Las Aventuras de Héctor ; 1)
   ISBN 0-8384-2550-X
   1. Spanish language--Readers.    I. Christensen, Clay Benjamin.
II. Title.  III. Series: Casals Aldama, Pedro, 1944-  Aventuras de
Héctor ; 1.
PQ6653.A7266M57    1993
468.6'421--dc20                                              92-37984
                                                                 CIP
```

Copyright © 1993 by Heinle & Heinle Publishers
All rights reserved. No parts of this publication may be reproduced or transmitted in any form or by any means, electronic or mechanical, including photocopy, recording, or any information storage and retrieval system, without permission in writing from the publisher.

Manufactured in the United States of America
ISBN 0-8384-2550-X

Heinle & Heinle Publishers is a division of Wadsworth, Inc.

10 9 8 7 6 5 4 3 2 1

Table of Contents

Prefacio ix

1 Orientación inicial 2
   A. Un puño de puntos claves 2
   B. ¿Qué opina usted? 2
   C. ¡Diga usted! 3
   D. Puntos culturales 3

Texto 4

Notas lingüísticas 10

Actividades 11
   A. ¿Qué sabe usted? 11
   B. Comentarios sobre el dibujo 12
   C. Actividad cooperativa de conversación 12
   D. Ideas personales 12
   E. Más vale pluma que espada 13
   F. Más puntos culturales 13

2 Orientación inicial 14
   A. Un puño de puntos claves 14
   B. ¿Qué opina usted? 14
   C. ¡Diga usted! 15
   D. Puntos culturales 15

Texto 16

Notas lingüísticas 22

Actividades 23
   A. ¿Qué sabe usted? 23
   B. Comentarios sobre el dibujo 24
   C. Actividad cooperativa de conversación 24
   D. Ideas personales 24
   E. Más vale pluma que espada 25
   F. Más puntos culturales 25

3 Orientación inicial 26
   A. Un puño de puntos claves 26
   B. ¿Qué opina usted? 26

C.	¡Diga usted!..	27
D.	Puntos culturales	27

Texto 28

Notas lingüísticas 34

Actividades 35

A.	¿Qué sabe usted?...	35
B.	Comentarios sobre el dibujo	36
C.	Actividad cooperativa de conversación	36
D.	Ideas personales...	36
E.	Más vale pluma que espada	37
F.	Más puntos culturales	37

4 Orientación inicial 38

A.	Un puño de puntos claves....................................	38
B.	¿Qué opina usted?...	38
C.	¡Diga usted!..	39
D.	Puntos culturales	39

Texto 40

Notas lingüísticas 47

Actividades 47

A.	¿Qué sabe usted?...	47
B.	Comentarios sobre el dibujo	48
C.	Actividad cooperativa de conversación	48
D.	Ideas personales...	48
E.	Más vale pluma que espada	49
F.	Más puntos culturales	49

5 Orientación inicial 50

A.	Un puño de puntos claves....................................	50
B.	¿Qué opina usted?...	50
C.	¡Diga usted!..	51
D.	Puntos culturales	51

Texto 52

Notas lingüísticas	59
Actividades	60
A. ¿Qué sabe usted?	60
B. Comentarios sobre el dibujo	60
C. Actividad cooperativa de conversación	60
D. Ideas personales	61
E. Más vale pluma que espada	61
F. Más puntos culturales	61
6 Orientación inicial	62
A. Un puño de puntos claves	62
B. ¿Qué opina usted?	62
C. ¡Diga usted!	63
D. Puntos culturales	63
Texto	64
Notas lingüísticas	69
Actividades	70
A. ¿Qué sabe usted?	70
B. Comentarios sobre el dibujo	70
C. Actividad cooperativa de conversación	70
D. Ideas personales	70
E. Más vale pluma que espada	71
F. Más puntos culturales	71
7 Orientación inicial	72
A. Un puño de puntos claves	72
B. ¿Qué opina usted?	72
C. ¡Diga usted!	73
D. Puntos culturales	73
Texto	74
Notas lingüísticas	78
Actividades	79
A. ¿Qué sabe usted?	79

B.	Comentarios sobre la lectura	**79**
C.	Actividad cooperativa de conversación	**80**
D.	Ideas personales	**80**
E.	Más vale pluma que espada	**81**
F.	Más puntos culturales	**81**

8 Orientación inicial **82**

A.	Un puño de puntos claves	**82**
B.	¿Qué opina usted?	**82**
C.	¡Diga usted!	**83**
D.	Puntos culturales	**83**

Texto **84**

Notas lingüísticas **89**

Actividades **90**

A.	¿Qué sabe usted?	**90**
B.	Comentarios sobre el dibujo	**91**
C.	Actividad cooperativa de conversación	**91**
D.	Ideas personales	**91**
E.	Más vale pluma que espada	**92**
F.	Más puntos culturales	**92**

Glosario **93**

Acknowledgments

When a language teacher serendipitously encounters an interesting and unique work of fiction that also has the potential for stimulating in students an interest in reading, I believe the teacher should attempt in some way to bring that piece of fiction to the classroom for the students' benefit. I did encounter a piece of fiction of that stripe, and I did expend that energy. The conversion, however, of a work of fiction into a classroom textbook requires the help of other persons. Therefore, I wish to acknowledge the assistance of key people whose thoughtful advice and feedback have helped to shape this classroom textbook.

First, I am indebted to Marisa French for her intuitive feelings about the potentially beneficial value Pedro Casals' teenage novels of adventure would have for students of the Spanish language. I am also deeply appreciative of the editorial work of Erika Skantz, Patrice Titterington, Sharon Inglis, and Anne Cantú. Their professional insights have helped to shape a better, final version of my original manuscript.

Noteworthy in the presentation of the text is the fine visual contribution of Marvi Ugarte Farrerons and Elvira Soriano Camacho. Their illustrations provide visual relief to the printed word, which is just another way of reminding us all of the old adage that a picture is worth a thousand words.

Obvious to the classroom teacher is the invaluable feedback that comes from attentive students on whom all classroom activities are practiced in an attempt to find a kind of optimal point of pedagogy. My unabashed thanks goes to all my students of intermediate to advanced Spanish conversation, whose attention never seemed to wane.

The world is large, but, in a way, it is also small. The telephone and fax easily put people in touch who live in different continents. Such is the case between Pedro Casals and myself. I admire his literary talents and the fine qualities he displays as a human being. His suggestions to me in putting together my ideas to his work have been nothing short of marvelous. *Siempre un abrazo para él.*

Finally, to Kathee Christensen, whose advice I value more than she perhaps realizes, I say, *"Bien hecho y muchísimas gracias"*.

C.B.C.

Prefacio

La descripción que sigue explica cómo emplear las diferentes actividades relacionadas al texto, tanto las de la **Orientación inicial** como las que se encuentran al final de cada sección.

Las **Notas lingüísticas,** que siguen inmediatamente después de cada sección del texto, explican algunas curiosidades de la lengua en forma de notas sobre ciertas palabras, expresiones idiomáticas y estructuras gramaticales. Estas notas corresponden a los números de referencia que se encuentran en el texto.

Con respecto a la **Orientación inicial,** hay cuatro actividades distintas:

- **A.** Un puño de puntos claves
- **B.** ¿Qué opina usted?
- **C.** ¡Diga usted!
- **D.** Puntos culturales

Referente a las **Actividades** al final de cada sección de texto, hay seis actividades:

- **A.** ¿Qué sabe usted?
- **B.** Comentarios sobre el dibujo
- **C.** Actividad cooperativa de conversación
- **D.** Ideas personales
- **E.** Más vale pluma que espada
- **F.** Más puntos culturales

Orientación inicial

A. **Un puño de puntos claves** son puntos a descubrir durante la lectura. Si usted piensa en estos puntos mientras va leyendo el texto, ya estará mejor preparado(a) para participar en los grupos pequeños de conversación (Actividad C al final de la sección del texto).

B. **¿Qué opina usted?** Los temas de esta actividad están relacionados con el texto. Cualquier persona podrá hacer un comentario sobre ellos, porque ya tiene una experiencia directa con el tema o porque conoce a otra persona que la tenga, o porque ha leído algo sobre el tema. Lo importante es participar en una charla para estimular interés por el tema en los demás estudiantes. Una función importante de la lengua es la de poder **describir** o **explicar**. En esta actividad los estudiantes tendrán la oportunidad de poder hacer muchas descripciones y explicaciones de cómo son ciertas experiencias comunes.

C. **¡Diga usted!** Se le presentan al estudiante dos situaciones ficticias. Se trata de crear una sesión en la que todos los estudiantes agregan sus ideas espontáneamente. Las dos situaciones están relacionadas a temas encontrados en el texto. El objetivo aquí es imaginar que usted realmente participa en la situación. Así, esta actividad le ayudará a cultivar la imaginación, un ejercicio muy importante para el desarrollo de la creatividad.

D. **Los puntos culturales** surgen del texto y ofrecen una orientación cultural al cuento que se va a leer. El objetivo de estas notas es provocar comentarios sobre ellas. Así, los estudiantes tendrán más información sobre estos elementos culturales antes de encontrarlos en el texto.

Las actividades sobre cada sección del texto

A. **¿Qué sabe usted?** consta de preguntas sobre alguna información que se encuentra en el texto. El objetivo de estas preguntas es dar un repaso sobre la sección del texto que se acaba de leer.

B. **Los dibujos** contienen mucha información gráfica. Esta información ha de convertirse en palabras para comunicar una descripción y una explicación. Describir y explicar son dos funciones lingüísticas muy importantes que un estudiante debería desarrollar para hacerse entender con los hispanohablantes. Casi todas las secciones del texto tienen un dibujo. (En caso de que una sección del texto no tenga un dibujo, esta actividad pedirá que el/la estudiante haga una descripción y una explicación de algún tema global relacionado con los sucesos en esa sección del texto.)

C. **Actividad cooperativa** presenta cuatro temas de conversación para grupos pequeños. El objetivo de esta actividad es de lograr una cooperación en compartir detalles verbalmente sobre los temas con datos que se puedan encontrar en la lectura. Los estudiantes forman equipos de cuatro personas. A cada uno se le asigna uno de los cuatro temas, de modo que los cuatro temas serán asignados a cada equipo. Cada persona leerá y escudriñará ligera y rápidamente el texto (durante seis o siete minutos) para descubrir los detalles y datos que correspondan a su tema. Luego los estudiantes (uno de cada equipo) que vieron el primer tema se reunirán en un rincón para compartir su información. Los estudiantes con el segundo tema harán lo mismo en otro rincón, etc. Los estudiantes de estos grupos son los "expertos" en su tema y comparten tanta información como puedan sobre ello.

Tras el intercambio de información, que llevará unos diez minutos, más o menos, todos los estudiantes volverán a su equipo original de cuatro personas. Cada miembro del equipo será un "experto" en uno de los cuatro temas y se lo explicará a los otros tres miembros de su equipo para ayudarlos a comprender bien la información que tiene. Al final, todos los estudiantes escribirán una prueba sobre unas preguntas que corresponden a los cuatro temas, las cuales el profesor o la profesora confeccionará. Para que todos los miembros del grupo salgan bien de la prueba, todos tendrán gran interés en compartir cuantos detalles sea posible durante el intercambio de información, tanto en los grupos de **expertos** como en los equipos.

D. **Ideas personales** son unos temas para comentar con toda la clase. La idea de esta actividad es que cierta información que se encuentra en el texto se puede aplicar a la vida del lector o de la lectora.

E. **Más vale pluma que espada.** Estos temas para composiciones sólo son sugerencias. Habrá otras posibilidades que quizá el instructor o la instructora pueda asignar otros temas para que los estudiantes practiquen su habilidad de comunicarse por medio de la palabra escrita. En todo caso, cada estudiante ha de recordar un principio fundamental referente a la escritura: nadie tendrá interés en la composición si no inspira o si no tiene gracia. El estudiante debe escoger un tema de interés, pensarlo, analizarlo, dotarlo con gracia y, al final, pulirlo antes de entregarlo a su lector. Si el estudiante no logra estos objetivos, ¡quizá el único remedio sea la espada!

F. **Más puntos culturales.** Esta sección es una extensión de los **puntos culturales** de la orientación inicial.

Una descripción breve de los personajes

Héctor (La X de DOHFAX)
Héctor es un líder natural. Es responsable, activo, muy deportista y ágil. A Héctor le encanta jugar al fútbol estilo europeo y es buen escalador. (Él está en contacto con el inspector Mora por un walkie-talkie.) El sabe hablar bien con los adultos y es buen negociador. Tiene unas ideas brillantes. Es muy convincente. Es leal al grupo de amigos y se sacrifica por los demás. Le gustan las chicas mayores y adora a sus abuelos. Tiene una cara huesuda, cabello oscuro y liso y una nariz aguileña.

Susana (La H de DOHFAX)
Ella es muy activa, y por eso la llaman la bomba H. Es una apasionada de la música y está enamorada en secreto de Héctor. Es experta en motocicletas. Susana sabe lo que quiere... y trata de conseguirlo. Tiene una rivalidad con Benjamín. Es extrovertida y baila muy bien. Le gustan las joyas y el perfume. Sin embargo, suele vestirse de chico con casco y cazadora negra. Es una ojazos muy guapa. Tiene el cabello tirado hacia arriba y se lo sujeta en lo más alto con un pasador.

Benjamín (La F de DOHFAX)
Es el pequeño del grupo; tiene poca estatura, pero es campeón de futbolín. El compite con la bomba H por ser el mejor amigo de Héctor. Razona como un viejo y, a veces, dice «ya os decía yo». Sus razonamientos son aplastantemente prácticos. Lo llaman el dinamitero porque él busca la solución de problemas en su arsenal de petardos y cohetes que lleva en una pequeña mochila en la espalda. Es indisciplinado pero muy leal a Héctor. Suele encargarse de la vigilancia. Es rubio y tiene dientes de conejo.

Toni (La D de DOHFAX)
Hijo de un librero, Toni es el jefe suplente de X. El tiene muy buenas ideas. A veces es irónico y hace guiños. A su mente científica le intrigan las computadoras (ordenadores). Lleva gafas gruesas y desvía un ojo. Tiene los dientes separados.

Isabel (La A de DOHFAX)

Isabel es la hija de dos pasteleros. Tiene una mente artística y es buena dibujante. Ella vive en un mundo romántico y es un poco introvertida. Ella siempre da apoyo moral con sus modales muy suaves, o sea, está dispuesta a ayudar hasta el máximo. Su noviete es Luis. Es rubia con ojos de color azul celeste.

Luis (La O de DOHFAX)

Este muchacho ha perdido a los padres en un accidente. Ha heredado una pequeña fortuna en monedas de oro. Es generoso y cuidadoso, pero suele ser melancólico. Le gusta tocar el saxofón; es gran saxofonista. Su novieta es Isabel; él se sacrifica mucho por ella. Es delgado y delicado con piel muy blanca y pelo de cepillo.

Inspector Mora

Es un personaje esquizoide que representa la sociedad adulta, la cual tiene dos lados: uno bueno y otro malo. Puede ser un poco amenazador con una expresión ceñuda. Es cortante y a veces desconfiado. Sin embargo, siempre es el protector de los muchachos. Mora es un gran lector de las novelas clásicas de aventuras. Se aprovecha de los muchachos para conseguir el ascenso profesional. Es guardaespaldas de un millonario, lo cual está en contra del reglamento de la policía. Le gusta vestirse con colores chillones y fuma la pipa. Tiene el cabello rojizo y ensortijado, cejas espesas y ojos vivos.

LAS AVENTURAS DE HÉCTOR

1

El misterio de los traficantes de arte

Orientación Inicial

A. Un puño de puntos claves
1. La personalidad de Héctor: quién es y cómo es
2. El joven Benjamín: cómo se presenta y qué hace
3. El inspector Mora: cómo es y qué papel juega
4. La situación que los juntó: qué fue y cómo pasó

B. ¿Qué opina usted?
Intercambie con un compañero o una compañera sus opiniones sobre estos temas. Tome nota de sus ideas. Haga una presentación a la clase.
1. Las bromas que hacen unos jóvenes contra otros.
2. El trabajo de la policía frente a las travesuras de los jóvenes.
3. La colaboración que se puede tener entre los policías y los jóvenes para mantener el orden dentro de la comunidad.

C. ¡Diga usted!

1. Vamos a suponer que en su barrio hay una persona presumida y arrogante que siempre se mete en los asuntos de los demás. Usted y sus amigos deciden darle una lección inolvidable acerca del no meterse en los asuntos ajenos. ¿Qué piensan hacer ustedes para darle una lección inolvidable? Diga usted lo que le serviría como lección.
2. Usted es policía. En el recinto de vigilancia que le corresponde hay una pandilla de jóvenes delincuentes que causen muchos problemas y hacen varios actos de vandalismo. ¿Qué puede hacer usted para poder parar las gamberradas de esos jóvenes?

D. Puntos culturales

1. Sábado es el mejor día de la semana. Al menos éste es el punto de vista de muchos estudiantes jóvenes de los países industrializados. ¿Tendrán el mismo punto de vista los obreros? ¿Por qué?
2. Algunos españoles y latinoamericanos prefieren llevar artículos de ropa de marca. Las marcas de prestigio indican cierto nivel social económico y o desde otro punto de vista, alta calidad, y por eso vale la pena comprarlas.
3. En la cultura hispana o latina existe la necesidad de repartir la mercancía y llevar ciertos servicios a domicilio. Una forma de hacerlo es por medio de mensajeros en bicicleta o motocicleta y repartidores ambulantes. Tales servicios representan una forma bien organizada de reforzar la economía.
4. En España y los países latinoamericanos la responsabilidad de la policía es mantener el orden y restaurar el orden después del caos.

TEXTO

Era sábado, el mejor día de la semana. Para ellos el colegio había quedado olvidado desde el viernes, y el lunes aún se veía lejos.

Héctor permanecía oculto tras la chimenea de ladrillo de la terraza del segundo piso. El muchacho no suponía que estaba a punto de entrar en una aventura en la que iba a jugarse la vida.[1]

Benjamín, que vigilaba la calle sentado en el bordillo, se quitó la visera de cartón con aire distraído.

«Ya se acerca», pensó Héctor en cuanto distinguió aquella señal, y se rascó el cabello oscuro y liso.

Benjamín, que era rubio y tenía dientes de conejo, volvió a ponerse la visera.

Ahora la contraseña significaba «acción inmediata». Al cabo de unos instantes dobló la esquina un muchacho que andaba contemplando su propia figura en los escaparates de la calle.

Héctor se dispuso a actuar. Benjamín, con disimulo, siguió con la mirada al que llamaban *el Estirado*.

El Estirado sólo usaba ropas que llevaran la marca en lugar bien visible. Si no eran de las más caras, no le gustaban. Calzado de marca. Pantalones de marca. Jerséis de marca.

En cuanto *el Estirado* —que aquel día estrenaba pantalón— pasó por debajo de la terraza, Héctor tomó un gran cubo de agua y la arrojó sobre su cabeza. Chaaafff.

Héctor y Benjamín habían logrado el objetivo. Pero no habían previsto que un mensajero en moto que pasaba por la calle fuera a distraerse con lo sucedido,[2] y mucho menos que se precipitara contra el repartidor de una pastelería que cruzaba a pie llevando una gran tarta de cinco pisos para el banquete de una boda de muchas campanillas.[3]

La nata llovió sobre mozo de reparto y motorista como si fuese nieve dulce y pringosa.

Y, ¡menos mal!, los dos pudieron levantarse del suelo sin más daño que un par de buenos cardenales.

Tan pronto como se pusieron en pie, se enzarzaron en una violenta disputa y poco faltó para que llegaran a las manos.

La circulación quedó cortada. Se oyeron algunos bocinazos de conductores impacientes.

Un guardia acudió a ver qué había ocurrido, «no hay heridos», y sin fijarse siquiera en la triste figura de *el Estirado* se plantó en el centro de la calle. Hizo retirar la moto y con pitidos y movimientos enérgicos, logró que se restableciera el tráfico.

Héctor, oculto tras la barandilla de la terraza, contemplaba la escena con inquietud, «la que se ha armado».[4] En cuanto vio que motorista y repartidor se levantaban por su pie, se dijo: «Tengo que salir de aquí sin que me vean... Tengo que salir de aquí... Tengo que...»

Pero el inspector Mora, que era policía secreta, andaba al acecho en el café de enfrente y se había dado cuenta de todo.[5]

«El Estirado» primero se encogió por el susto y la temperatura del agua —era una mañana nublada de noviembre—. Luego, aturdido y extrañado de que nadie le hiciera caso y todo el mundo se fijara en el atropello, tardó en reaccionar.

En cuanto vio que el guardia empezaba a deshacer el embotellamiento miró hacia arriba y, amenazando con los puños, se puso a chillar:[6]

—Héctor, ¡ésta me la pagas!

Benjamín, que además de ser de poca estatura era el más joven del grupo, ya iba a escabullirse cuando Mora lo tomó por el brazo y le mostró la placa:

—Policía. Quieto.

Al chico se le cayó el alma a los pies[7] y palideció, «si se entera mi padre, me mata».

El inspector, que era de ojos vivos y tenía el cabello rojizo y ensortijado, se llevó un dedo a los labios:

—Chitón.

Sin soltar al muchacho, el inspector Mora lo hizo avanzar hasta un portal oscuro y ordenó:

—Tú a callar.[8]

El inspector asomó la cabeza para ver cómo andaba *el Estirado*. La gente que pasaba por la calle apenas si lo miraba. La farmacéutica salió para decirle:

—Tienes que cambiarte de ropa en seguida. Vas a resfriarte. —Y volvió a las recetas murmurando—: Es que son...

El Estirado se frotó los brazos con energía y se encaminó hacia el portal de la casa desde la que acababa de lloverle el cubo de agua.

Héctor permanecía aún agazapado tras la barandilla de la terraza y, tan pronto como lo vio entrar en el portal, saltó a la terraza del piso vecino y de ahí al tejado del ala sur del mercado.

El Estirado aporreó la puerta del piso en que creía haber visto a Héctor. Pero la vivienda estaba deshabitada y el pájaro[9] acababa de volar.

El inspector, que mantenía sujeto —y bien sujeto— a Benjamín, fue siguiendo la trayectoria de Héctor por las alturas como si el muchacho fuese un balón de fútbol y, cuando se descolgó por una pared de ladrillos para escabullirse por entre los puestos de verdura, Mora ya lo estaba aguardando para pescarlo al vuelo.

El policía apretaba con fuerza la muñeca de Benjamín queriéndole decir: «Si abres la boca, ¡ay de ti!» Los dos andaban escondidos detrás de unas cajas de mandarinas.

El inspector Mora estaba a punto de dar el alto a Héctor, cuando Benjamín se arriesgó a chillar:

—¡Escapa, X!

En el grupo cada muchacho era conocido por una letra. La equis correspondía al jefe.

Héctor, sin mirar hacia abajo, volvió a encaramarse buscando puntos de apoyo que conocía al dedillo,[10] y en un abrir y cerrar de ojos regresó al tejado y se puso a correr hacia el ala opuesta.

El inspector escupió entre dientes una maldición y llevando casi a rastras a Benjamín se puso a perseguir al fugitivo desde abajo, por la calle.

X corría como alma que lleva el diablo, y el inspector Mora apenas podía seguirlo con la vista, frenado en su carrera por los tropezones que procuraba dar el muchacho rubio que acababa de espantarle la caza.

En cuanto Mora se encontró con una pareja de la policía que iban de uniforme, les pidió que custodiaran a Benjamín, «es cosa de pocos minutos».

El inspector, con las manos libres, trepó hasta el tejado como si fuese una lagartija, y vio cómo Héctor se metía en la terraza de un piso, se ponía en pie sobre la barandilla y saltaba al vacío.

Héctor cayó sobre el toldo verde de la floristería que se apoyaba en una estructura metálica muy resistente. No era la primera vez que lo hacía, pero la dependienta se llevó un buen susto.

El inspector vio que X —o Héctor— corría hacia la esquina en que había dejado a Benjamín con la pareja de agentes y —desde el tejado—, sin decir ni pío,[11] les señaló al fugitivo.

Esta vez, el rubiales[12] de dientes de conejo no pudo prevenir a su camarada. Andaba demasiado preocupado con sus negros pensamientos, «cómo voy a explicar a mis padres que me han detenido», y no se dio cuenta de la encerrona.

No bien[13] Héctor dobló la esquina, se encontró con un agente que le pareció un gigante.

En cuanto X vio a Benjamín en manos del otro policía uniformado, dijo:

—F no ha hecho nada. He sido yo.

La efe era la letra del pequeño del grupo.

La gente que iba o venía del mercado formó un pequeño corro a su alrededor.

Tan pronto como el inspector Mora descendió del tejado, se llevó a los dos chicos al coche que había estacionado en una calle poco concurrida. Parecía un vehículo ordinario pero estaba equipado con emisora, aparato de megafonía y lanzadestellos que podía montar en el techo y conectar al encendedor del auto.

El inspector los cacheó para asegurarse de que no llevaran ningún objeto que pudiera convertirse en arma, y a empujones los metió en el coche. X, delante; Benjamín, detrás.

Los policías uniformados permanecieron de guardia cerca del automóvil por si los muchachos intentaban escapar.

Mora abrió la guantera del coche. Extrajo unas esposas que ciñó a las muñecas de F. Luego repitió la operación con Héctor y deliberadamente le pellizcó la carne al cerrarlas. Sin poner el motor en marcha, empezó a decir:

—Se van a acabar de una vez las gamberradas en el barrio. ¿Sabéis cuántas denuncias me han llegado en un mes? —Y se respondió—: Media docena. Que si deshinchar los cuatro neumáticos de la grúa municipal para que no se llevara los coches mal aparcados... Que si[14] emprender la fuga cuando un policía os dio el alto... Que si espantar con petardos a los perros callejeros para que no los cazara la perrera... Que si echar azúcar a la gasolina del *Estirado*... Que si... Y, ahora, la gota de agua[15] que...

Los muchachos permanecían en silencio y el inspector soltó:

—En el calabozo vais[16] a aprender. Ya veréis lo divertido que resulta. Héctor miraba al frente. Benjamín, al retrovisor. Allí se reflejaban las espesas cejas y la expresión ceñuda del policía secreta que siguió enumerando cuanto les iba a pasar.

◆

El inspector Mora se interrumpió. Adelantó el mentón y con gesto rápido, como si fuese a desenfundar un arma, tiró de una libreta de tapas negras de plástico que solía guardar en el bolsillo trasero del pantalón de pana.

Tomó bolígrafo y con aire amenazador les espetó:

—Cuanto me respondáis podrá ser usado para encerraros una buena temporada... —Señaló a Héctor clavándole el dedo en el pecho—. Ya estáis advertidos. Quien avisa no es traidor.

El inspector puso cara de perro e inició el interrogatorio:

—Primero tú. —Volvió a clavar el dedo en X—. A ver..., ¿cómo te llamas?

—Héctor Bravo.

—¿Dónde vives?

—Calle Laurel número ocho.

—Dame el nombre de tu padre.

Héctor palideció. Entrecerró los párpados y susurró:

—Se llama como yo.

—¿Qué profesión tiene?

—Comerciante.

—Comerciante... ¿De qué?

—Mayorista de fruta.

El policía secreta sólo quiso saber «para empezar» lo que denominó «algunos datos». A continuación hizo lo mismo con Benjamín. En cuanto hubo tomado nota, de repente, empezó a chillar:

—Esto es sólo el principio. ¿Me oís bien? Ahora mismo os voy a llevar a comisaría y allí os arrancaré una confesión a guantazo limpio. —Luego, bajando mucho la voz, les soltó—: Al tercer puñetazo, cuando se os empiecen a partir los dientes, vais a contarlo todo. Y ¡hala!, a pudriros en la cárcel.

El inspector Mora creyó que ya estaban bien asustados, y propuso:
—Os pasará todo eso y más..., a no ser que lleguemos a un acuerdo.
Benjamín, aturdido, no entendió muy bien lo que quería decir con lo del «acuerdo», pero Héctor intuyó que iba a darles una salida y preguntó con voz sorda:
—¿Qué hay que hacer?
La policía sabía que en aquel barrio se ocultaba un traficante de antigüedades y obras de arte, pero no se había logrado descubrir aún quién era. Mora propuso a los muchachos que lo ayudaran:
—Tiene que contar con un escondite para almacenar cuadros, esculturas, tallas... —y señaló a los chicos para decir—: Vosotros podéis vigilar sin levantar sospechas. ¿Qué me decís?
—Si aceptamos, ¿nos soltará? —preguntó Héctor.
—Si aceptáis y además me dais vuestra palabra de que no vais a repetir las gamberradas, os dejaré en libertad.
El rostro[17] de los muchachos se iluminó. Se miraron con ojos brillantes y dijeron:
—De acuerdo.
Antes de dejarlos marchar, Mora quiso saber:
—¿Cuántos chicos hay en vuestra pandilla?
—Seis —repuso X.
—¿Todos del barrio?
El inspector conocía de sobra la respuesta, pero quería ver si trataban de engañarlo.
—Todos menos nosotros dos —aseguró Héctor—. Aunque mis abuelos sí viven en el barrio.
Era verdad. Por eso solían dar la cara él y Benjamín en lo que llamaban «las operaciones». «Para que no nos reconozcan.»
Antes de decir que tenían que separarse, «no es bueno que nos vean juntos», el inspector propuso: «Hay que buscar un punto de reunión.» Insistió en que el lugar debía estar al abrigo de miradas indiscretas.
Héctor le pidió el teléfono y aseguró que en cuanto averiguaran algo, lo llamarían y le indicarían dónde encontrarse. El grupo, al que sus miembros llamaban «la tropa», tenía reglas estrictas. Una de las principales consistía en no revelar el escondite a nadie, a menos que se hiciese una votación y no saliera ni una bola negra, cosa que aún no había sucedido.
Tan pronto como el automóvil del inspector Mora se alejó, Héctor y Benjamín echaron a correr y no se detuvieron hasta llegar a un callejón, frente a lo que llamaban «la puerta falsa».

X buscó en los fondos del bolsillo de los tejanos una llave y abrió la puertecilla de hierro medio oxidada que daba a la abertura por la que se llegaba al sótano de la casa de sus abuelos.

Recorrieron agachados el pasadizo de suelo inclinado y poca altura. Por fin, llegaron a «la madriguera».

Notas lingüísticas

1. **Jugarse la vida** significa arriesgarse la vida o ponerse la vida en peligro.
2. **Lo sucedido** es un ejemplo de una estructura gramatical que se usa con frecuencia en español. La estructura es **lo + adjetivo**; un equivalente en inglés es *the + adjective + thing (deal, aspect) of* . . . Otra estructura relacionada a ésta es **lo de + sustantivo** (por ejemplo: **lo de María**...); un equivalente en inglés es: *the thing about Mary* . . .
3. **Una boda de muchas campanillas** es otra manera de categorizar una boda de mucha elegancia o simplemente cara y lujosa.
4. **La que se ha armado** es una expresión idiomática que tiene por equivalencia en inglés *there's a lot of trouble now* o *I've really kicked up a fuss*.
5. **Darse cuenta de** significa en inglés *to realize* como proceso mental, no como el resultado de ponerse en marcha algún plan de acción, que también tiene por equivalencia en inglés *to realize*. Por ejemplo, *to realize a meeting* o *to realize a profit from an investment*.
6. **Ponerse a + infinitivo** quiere decir *to begin doing (whatever is expressed by the infinitive)*.
7. **Se le cayó el alma a los pies** literalmente es *his soul fell to his feet* o *his heart sank*.
8. **A callar** es una forma de expresar el imperativo: *shut up*.
9. **El pájaro** en este contexto se refiere a Héctor, o sea, la persona que se escapó y se fue lejos.
10. **Conocer al dedillo** es equivalente a *to know like the back of your hand*.
11. **Sin decir ni pío** es la expresión *without making a peep*.
12. **El rubiales**. En España, a veces se hace referencia a una persona por alguna característica física de la persona. Se emplea el artículo definido o indefinido y la forma plural de la característica

física: **el rubiales** (*the blond-haired boy*), **el bigotes** (*the moustached man*), **la coletas** (*the pig-tailed girl*), **la ojazos** (*the wide-eyed girl*).

13. **No bien** se usa para decir *no sooner than* o *as soon as*.
14. **Que si..., que si..., que si...** es una forma oral de expresar una lista de cosas o actividades. El equivalente en inglés es *there's this . . . , then there's that . . . , then there's this other . . . .*
15. **La gota de agua** se traduce como *the straw that broke the camel's back.*
16. **Vosotros/vosotras** se emplea hoy día en España para dirigirse informalmente a un grupo de personas bien conocidas. Se emplea **ustedes** en situaciones formales cuando uno no conoce bien a los otros. En Latinoamérica se emplea **ustedes** para ambas situaciones (formal e informal). Otras formas relacionadas a **vosotros** son el adjetivo **vuestro, -a, -os, -as** y el pronombre **os**.
17. **El rostro de los muchachos. Rostro** es singular; cada persona tiene un solo rostro. En inglés se emplea la forma plural: *the faces of the boys.*

ACTIVIDADES

A. ¿Qué sabe usted?

1. ¿Qué señal le dio Benjamín a Héctor para avisarle que *el Estirado* venía?
2. ¿Qué le hizo Héctor al *Estirado*?
3. ¿Qué les pasó al repartidor de una pastelería y un mensajero en moto?
4. En la expresión **esta me la pagas**, ¿a qué concepto se refiere la palabra **esta**?
5. ¿Cómo escapó X de la terraza del edificio donde estaba escondido?
6. ¿En qué pensó Benjamín cuando el inspector Mora lo agarró?
7. ¿Cómo sujetó el inspector Mora las manos de X y F?
8. ¿Qué amenazas les dio Mora a X y F cuando los tenía en el coche de patrulla?

9. ¿Qué acuerdo aceptaron X y F con el inspector Mora?
10. ¿Qué secreto no revelan a nadie los de la tropa bajo ninguna circunstancia?

B. Comentarios sobre el dibujo (página 7)
1. Haga una descripción objetiva de algunas cosas que se ven en la ilustración.
2. Explique porqué pasa lo que se ve en la ilustración.

C. Actividad cooperativa de conversación
1. Las acciones de Héctor antes que Mora lo agarrara.
2. Las acciones de Benjamín antes que Mora lo agarrara.
3. Lo que hizo mora antes que les pusiera las esposas a los dos chavales.
4. La interacción entre Mora, Héctor y Benjamín después que Mora les puso las esposas a los dos chavales.

D. Ideas personales
1. ¿Qué le parece a usted la idea de tener una boda lujosa? ¿Cuánto se debe gastar en una boda? ¿Quién debe pagarla?
2. ¿Ha tenido usted algún encuentro negativo (o positivo) con la policía? ¿Qué le pasó? Explique usted el caso.
3. Héctor protege a Benjamín. ¿Ha tenido usted la ocasión de aceptar la responsabilidad de proteger a otra persona? Explique.
4. ¿Qué tipo de escondite tenía usted cuando era joven?
5. X y F hacen unas travesuras como las que hacen muchos jóvenes. ¿Qué trucos o travesuras hacía usted con sus amigos cuando era más joven?
6. Al *Estirado* le gusta estrenar nuevas marcas de ropa. ¿Qué marcas de ropa le gusta llevar a usted? ¿Por qué?
7. ¿Cuáles son algunas marcas de ropa que representan la alta moda o, como se dice en español, el último grito en ropa?
8. A los muchachos les encanta entrar en varias aventuras. ¿Qué tipo de aventuras le gusta a usted?

E. Más vale pluma que espada
Escójase uno.
1. **La gran responsabilidad que tienen los padres es la de enseñar a sus hijos a portarse bien frente a la sociedad.** ¿Qué recursos tienen los padres para enseñar a sus hijos los buenos modales? ¿Cómo pueden los padres expresarles su amor a los hijos y a la vez disciplinarlos?
2. **El problema de las pandillas y las gamberradas.** ¿Por qué son problemáticas las pandillas para la sociedad? ¿Por qué se juntan los jóvenes en pandillas?

F. Más puntos culturales
1. La policía, agentes del orden, a veces abusa de su autoridad. Por el otro lado, los jóvenes que infringen la ley temen que la policía les informe a los padres; hacen lo posible para evitarlo porque los padres se enojan y los castigan.
2. Como en todos los países industrializados, hay una necesidad de controlar el movimiento libre de animales. Una forma de control es la perrera que se responsabiliza por la cacería de los perros sin dueño.
3. Una forma de votación secreta se hace con bolas pequeñas. Las blancas significan un «sí»; una bola negra es un voto negativo. Cada persona pone una bola en una canasta. Luego se cuentan los votos a favor y los en contra. Es una manera democrática de resolver un asunto.
4. Una tarta de cinco pisos de muchas campanillas la mandan hacer los que desean celebrar una boda muy elegante. Un pastel de ese tamaño es necesario también para las bodas donde hay que servir a muchos invitados.
5. Los jóvenes tienen un escondite secreto donde pueden reunirse y hablar en privado. Están imitando a los adultos al tratar de organizarse en una sociedad pequeña.

2

ORIENTACIÓN INICIAL

A. Un puño de puntos claves
1. El problema de Luis
2. Las ideas iniciales que tienen los chavales sobre el caso del traficante de arte
3. Susana y Victoria frente a Héctor
4. La dinámica interpersonal entre los miembros de la tropa
5. La mentira del inspector Mora

B. ¿Qué opina usted?
Intercambie con un compañero o una compañera sus opiniones sobre estos temas. Tome nota de sus ideas. Haga una presentación a la clase.
1. La necesidad de los niños de tener un escondite secreto. ¿Por qué?
2. Los sentimientos profundos de uno que ha sufrido la pérdida de un miembro de su familia o un amigo íntimo.
3. El interés que demuestran los jóvenes de catorce a dieciséis años hacia las chicas bonitas que son mayores que ellos.

C. ¡Diga usted!

1. Vamos a suponer que usted y sus amigos son más jóvenes de lo que son en realidad. Ustedes se han organizado en una tropa de amigos fieles. Incluso, ya tienen un escondite secreto donde pasan muchas horas cada semana jugando, escuchando música y hablando. Ahora ha llegado el momento de decorar el escondite. ¿Cómo quiere usted decorar su escondite? ¿Qué cosas desea usted usar como adornos?
2. Usted es inspector de policía. Le es necesario solicitar la ayuda de unos jóvenes para investigar un caso especial, pero usted no puede decir a nadie lo que los jóvenes van a hacer. Tiene que inventar alguna historieta falsa para poder lograr que los padres de estos jóvenes les dejen participar en una actividad aparentemente normal. Invente una situación que podría ser aceptada como algo normal. Explíquela a la clase.

D. Puntos culturales

1. El olor de verdura podrida le recordaba a X la comida del colegio. Parece un fenómeno universal que a los chicos no les gusta la comida del colegio.
2. Las tiendas pequeñas de alimentos abundan en España y en otros países latinos: fruterías, panaderías, lecherías, carnicerías, confiterías, pescaderías, pastelerías, etc. Normalmente son puestos modestos que pertenecen a una familia. Hay muchos en el mismo barrio, sobretodo en los centros urbanos, de manera que los habitantes pueden hacer todas las compras de alimentos en los puestos locales.

TEXTO

Los abuelos de Héctor vivían a dos pasos del mercado. Ahora estaban retirados ya, pero durante muchos años habían vendido fruta en un puesto.

Su casa era de ancho portal y en la planta baja había un almacenillo que tiempo atrás fue utilizado para guardar géneros.

Los abuelos, que estaban encandilados con Héctor, le habían cedido la pequeña habitación «para jugar» y él bien pronto descubrió una trampilla disimulada en el suelo que daba al sótano y cómo entrar allí directamente desde fuera, desde el callejón que corría por detrás de la vieja casa.

Cuando lo averiguó, X se entusiasmó con el hallazgo, «podemos entrar y salir sin que nadie se entere».

En el callejón, que olía a verdura podrida y le recordaba la comida del colegio, Héctor acabó por encontrar la pequeña puerta de hierro que había permanecido cerrada durante mucho tiempo. Preguntó a la abuela «¿cómo se abre?» y ella, con sonrisa de compinche, le señaló una llave que colgaba de un gancho en la despensa.

Héctor no tardó en mandar hacer[1] un duplicado en la cerrajería diciendo que «era encargo de mamá». Luego devolvió la vieja llave a su sitio y «aquí no ha pasado nada». Los abuelos no se dieron cuenta de la maniobra.

Tras varios intentos pudo con[2] el óxido de la cerradura. Por fin logró abrir la puertecilla de hierro y se encontró con el corredor inclinado que en tiempos había servido para descargar fruta desde el callejón hasta el sótano.

Al final, el pasillo descendente quedaba cortado por un tabique. No se atrevió a derribarlo, «no sea que rompa algo en casa de los abuelos», y prefirió tratar de agujerear por el otro lado.

Fue dando golpes con los nudillos en las paredes del sótano hasta que se oyó el cloc-cloc de un hueco, y a pico y pala —el encargado de una obra del barrio le había prestado las herramientas— hizo el boquete que por fin se abrió al corredor.

Desde entonces, entraba y salía del sótano por la puerta falsa.

Y no sólo él, sino todos los miembros de la tropa.

Aquel pasadizo se había convertido en el «secreto mejor guardado» y, aunque parezca mentira, llevaban ya más de un año usándolo sin que ninguno de ellos hubiese dicho ni pío.

◆

En cuanto Héctor y Benjamín llegaron a la madriguera se tumbaron en unos cojines esponjosos. Estaban a salvo.

Descansaron unos minutos hasta que el rubiales propuso «¿una partida?».

Sección 2 17

El padre de F había comprado un bar cochambroso para transformarlo en cafetería y dejó que los muchachos se llevaran a piezas el futbolín de jugadores metálicos medio despintados.

No había quien[3] ganara a Benjamín. Su especialidad consistía en lo que llamaba «arrastrar la bola». La situaba entre las botas de un delantero para hacerla avanzar a presión hasta que salía despedida como un proyectil. Si lograba el gol, el impacto contra el fondo de madera, cloc, era saludado con un «¡cajón!».[4]

Aunque a Héctor le gustaba ganar, sabía muy bien que «contra F no hay nada que hacer». Andaban enzarzados en la segunda partida, cuando O entró por la puerta falsa. Era un muchacho flaco que llevaba el cabello corto, a lo cepillo.[5] Dijo «hola» con voz apagada[6] y apoyó la espalda en la pared, junto al póster de un conjunto de roqueros irlandeses.

Cuando acabaron de jugar, Benjamín conectó el aparato de música. Héctor se fijó en la palidez del recién llegado.

O se llamaba Luis y desde la muerte de sus padres no había logrado levantar cabeza. Aquella mañana, además de triste[7] se le veía angustiado.

Hacía poco que sus padres habían sufrido el accidente de coche. La madre falleció en el acto.

El padre la sobrevivió unos días. Ya en el hospital pidió una grabadora y mandó a la enfermera: «Si me pasa algo, quiero que den a mi hijo lo que acabo de dictar.»

Después de su entierro la grabación pasó al notario de la familia, y aquella mañana de sábado la había entregado a Luis.

Héctor dio una palmada cariñosa en el hombro de O y preguntó:

—¿Quieres echar una partida?[8]

—No. —El muchacho apoyó una mano en el borde del futbolín—: Acaban de leerme el testamento.

No pudo evitar que los ojos se le empañaran.

Benjamín hacía como si ordenara discos.

Héctor permanecía inmóvil.

Luis prosiguió:

—Mi padre me dejó una grabación.

El muchacho no pudo contenerse y rompió a llorar. En cuanto se calmó un poco le tendió un sobre.

X extrajo de su interior una casete. Miró a Luis con ojos interrogativos:

—¿La has escuchado?

—Todavía no. Me la acaban de dar.

Benjamín paró la música.

Héctor señaló el aparato y dijo:

—Si quieres escucharla...

En un santiamén X y F se escurrieron por el pasadizo para dejarlo solo.

En cuanto Luis oyó que se cerraba la puertecilla de hierro del callejón, insertó la casete y apretó la tecla de play.

Tras unos ruidos sordos, se oyó la voz balbuceante de su padre:
—Querido Luis...

◆

Héctor y Benjamín se encaminaron al mercado sin decir palabra.

Entraron por la puerta principal. Dejaron atrás puestos de fruta y verdura, y se acercaron a uno de pescado que a aquellas horas de la mañana andaba entre charcos de agua de deshielo.

Había pocos clientes ya y Susana estaba empezando a recoger mientras su tía cortaba a rodajas una cola de merluza.

En cuanto la chica vio aparecer a sus camaradas hizo seña de «estoy terminando». Héctor respondió con otra y apuntó hacia la madriguera mientras parpadeaba con aire de urgencia.

Susana era una muchacha de ojos muy abiertos, y en las «operaciones» solía vestirse de chico para, según ella, «despistar». En la tropa se la conocía por H.

Le encantaba ponerse casco y cazadora negra, y montarse en ciclomotor. X a veces la llamaba «la bomba H» y siempre le consultaba «las decisiones importantes».

Héctor y Benjamín salieron del mercado. Pasaron frente a los tenderetes de ropa del exterior. Cruzaron la calle. Doblaron la esquina y entraron en una pastelería. Isabel no estaba y dejaron el mensaje a su hermana pequeña: «Reunión urgente.»

En su código la palabra «reunión» quería decir que se trataba de asunto grave.

Las tartas de nata del mueble refrigerado hicieron que Héctor recordara el atropello del repartidor, el pastel de boda por los aires, el atasco de tráfico...

X suspiró diciéndose: «Si la tarta de pisos llega a ser de esta pastelería, Isabel me retira el saludo.»

Sólo les faltaba avisar a Toni. Su nombre de guerra era D.

Héctor lo había dejado para el final porque lo suponía ayudando a despachar en la librería de su padre. Dicho sea de paso,[9] en aquella librería se vendían más periódicos que libros.

Allí X esperaba encontrar una pista con que iniciar la investigación que les había encargado el inspector Mora. «No tengo más remedio que ayudarle. Si no, ése es capaz de...»

◆

Desde que el policía secreto explicó lo que esperaba de ellos, Héctor no dejó de repetirse: «¿Cómo podemos averiguar quién es el traficante de obras de arte...? ¿Cómo?»

Esa angustia se añadía a la que le daba pensar en Luis. «Quizá no debimos[10] dejarlo solo con la casete de su padre. Quizá...»

El inspector Mora se había limitado a exponer sus deseos sin dar la menor pista que pudiera orientar a los muchachos. X y Benjamín por un lado estaban satisfechos, «hemos salido de ésta», pero no las tenían todas consigo.[11]

«Ese poli[12] tiene más mala idea que el profe de mates», pensaba Héctor cada vez que se pasaba los dedos por las muñecas y recordaba el clic del cierre de las esposas. «El poli nos quiere explotar. Y nosotros, a tragar se ha dicho...»

En la librería, Toni y una dependienta de ojos almendrados y cabello oscuro andaban ordenando pilas de revistas.

«¡Bien...! Está D», se dijo Héctor.

Toni llevaba gruesas gafas de montura metálica. Desviaba un punto[13] el ojo derecho y tenía expresión irónica. Parecía uno de esos muchachos a los que cuesta un gran esfuerzo tomarse algo en serio.

Desde la calle Héctor hizo una seña y Toni, «salgo un momento», fue a reunirse con el jefe de la tropa.

X, con las manos hundidas en los fondos de los tejanos, explicó lo ocurrido y acabó por decir:

—Si tenemos en el barrio un traficante de obras de arte, debe de leer muchas revistas de arte. —Se rascó el cogote—. Debe de comprarlas de muebles, de pintura, escultura...

D era más listo que el hambre y cazó al vuelo la idea. Hizo un guiño e indicó a Héctor que lo siguiera.

Los dos entraron en la librería y Toni preguntó a la dependienta:

—Victoria, ¿vendemos muchas revistas... o fascículos de arte?

—Psssé —repuso la chica con aire de «¿a qué viene la pregunta?»

—¿Quién acostumbra comprarlos? —inquirió D.

—¿Por qué te interesa?

—De repente, me ha dado un ataque de culturitis —contestó Toni mostrando dos dientes separados y grandes como palas.

La chica, que era muy guapa, lo miró con gesto de «a otro perro con ese hueso». Entrecerró los ojos y dijo:

—Los compran los de siempre: la de la tienda de muebles...

—¿Tenemos más fans de esas revistas?

—Pues... el doctor Barba...

—¿El sapo?

Ella se sonrió y advirtió.

—Si te oye...

Héctor permanecía en silencio pero no se perdía una coma. Victoria le gustaba mucho y él aprovechaba todas las ocasiones para dejarse caer por la librería.

La chica prosiguió:

—El pintor también nos compra...

—¿Fausto?

—Sí, ese tiparraco tan raro.

—¿Se te ocurren más...? —Iba a decir «sospechosos», pero se corrigió—: ¿Se te ocurre más clientela?

—Habituales, lo que se dice habituales, ya no hay más —dijo ella tras reflexionar unos momentos—. Hay gente que picotea y a veces compra y otras no.

Victoria se metió en la trastienda como si quisiese decirles: «A ver si se acaban las preguntas y me dejáis en paz».

◆

Luis se había quedado solo en la madriguera.

El pobre muchacho escuchó varias veces la casete que había grabado su padre en el hospital. Al principio trató de entender todo el alcance de aquellas palabras. Luego, se hizo la ilusión de que la voz estaba viva aún. A su lado.

Cuando desconectó el aparato fue repitiéndose lo que acababa de oír: «Hijo mío, ante todo sé honesto. En casa de tía Elisa te tratarán como a un hijo... El abogado Rueda te administrará la herencia hasta que llegues a la mayoría de edad... Procura ser feliz con lo que tengas...»

Luis lloró. Logró serenarse. Rompió otra vez a llorar. Cuando por fin oyó el ruido de una llave en la cerradura le pareció que había estado solo toda una eternidad. La puerta falsa se abrió con un chirrido y pasos rápidos retumbaron en el pasadizo que descendía hasta el sótano.

Primero apareció Héctor. Luego Benjamín, que se lanzó sobre los cojines como si fuesen el agua de una piscina.

◆

El pequeño del grupo solía zambullirse sobre los almohadones de un rincón, junto a la bandera pirata y bajo una lámpara de metal dorado que pendía del techo.

Según Héctor, aquel quinqué procedía de un viejo barco de contrabandistas que había embarrancado con una fortuna a bordo, «me lo dijo mi abuelo». Para X, la palabra del abuelo era ley, y tenía razón.

Aunque Héctor se fijó en los ojos vidriosos de Luis, decidió no preguntarle por la casete, «más vale que se distraiga con otras cosas. Si le apetece hablarme de la cinta, ya lo hará...».

El jefe de la tropa se apoyó en el borde del futbolín y dijo:

—Luis, tú e Isabel vais a tener que hacer un trabajo muy... pero que muy delicado.

Héctor sabía que Luis procuraba ir a todas partes con la chica, y pensó en hacerle «un pase adelantado».

—¿Qué tenemos que hacer?

La expresión apesadumbrada del muchacho se iluminó un poco.

—Vigilar la tienda de muebles. Desde la pastelería de Isabel se ve lo que entra y sale. Está al otro lado de la calle.

X resumió en dos palabras cómo los había atrapado la poli y lo que debían hacer para cumplir con el inspector Mora. Acabó por anunciar:

—Cuando llegue el resto de la tropa, propondré un plan que quizá nos lleve a descubrir al traficante.

Un ruido de pisadas en la habitación de arriba interrumpió sus palabras.

Héctor trepó por las irregularidades de la pared. Pegó la oreja a la trampilla de madera del techo y escuchó con atención.

Primero oyó la voz suave de su abuela y luego... Luego el hablar cortante del inspector Mora.

X se inquietó mucho y notó que los latidos del corazón se le aceleraban.

◆

Desde la madriguera, Héctor pudo oír casi toda la conversación. El inspector Mora, por no inquietar a la abuela, se presentó como entrenador de fútbol del colegio:

—Se ha lesionado un delantero y quería proponer a Héctor que jugara en el equipo titular —mintió—. Este año vamos a ganar el campeonato.

—No sé por dónde andará el chico. Ésta es su habitación de jugar... Cuando lo vea, le daré el mensaje —repuso la buena mujer.

Mora tomó bolígrafo y su libreta negra. Anotó un teléfono. Arrancó la hoja y con voz de mandón:

—Dígale que me llame a este número... cuanto antes.

Tan pronto como Héctor oyó que los pasos del inspector se dirigían a la puerta, se descolgó por la pared. Susurró un «vuelvo en seguida» a Benjamín y Luis. Corrió por el pasadizo. Salió al callejón y se puso a seguir al policía a cierta distancia.

Mientras lo hacía iba pensando: «Me dijo que nadie debía vernos juntos. Entonces, ¿por qué cuerno se habrá presentado en casa de los abuelos...? ¿Habrá pasado algo?»

Susana, de cuero negro y con casco, dobló la esquina montada en su Honda-50. Aceleró y derrapó con habilidad para meterse en el callejón.

«La bomba H debe de ir a la madriguera», se dijo Héctor. La chica sólo tenía ojos para sortear coches y no lo vio.

El inspector Mora andaba a buen paso. Había decidido regresar a pie hasta el estacionamiento subterráneo en que había dejado el coche en el mismo centro de la ciudad, «hay que hacer un poco de ejercicio... Si no, voy a criar michelines. Y es mala cosa. Sí, señor. Muy mala cosa».

Mora se metió en una calle de muchas tiendas. De repente entró en la boca de una escalera que se hundía en la acera y desapareció.

Notas lingüísticas

1. **Mandar hacer** es un ejemplo de una estructura lingüística productiva: Por ejemplo **mandar** + **infinitivo** es equivalente a *to have something done* (**mandar escribir una carta**/*to have a letter written*, **mandar reparar algo**/*to have something repaired*, etc.)

2. **Pudo con** quiere decir que tuvo éxito con lo que hacía.

3. En **no había quien ganara a Benjamín**, el vocablo **quien** es equivalente en inglés a *no one who* o *nobody who*.
4. **Cajón** significa *score*. Es parte de la jerga del fútbol y futbolín.
5. **A lo cepillo** quiere decir *brush-style*.
6. **Con voz apagada** es un ejemplo bueno de no usar un artículo ante la palabra **voz**. Desde luego, sería posible expresar **con una voz apagada** o **con la voz apagada**. Aquí el uso o no de un artículo es cuestión del estilo personal del autor.
7. **Además de triste**. En este enunciado hay una elisión, la cual es un elemento verbal como **además de** *estar* **triste**....
8. **Echar una partida**. En este contexto, **echar** es tan común como **jugar**.
9. **Dicho sea de paso** es una expresión idiomática: *incidentally, by the way*.
10. **No debimos dejarlo** se traduce *we should not have left him*. En español, el pretérito del verbo **deber** tiene por equivalente en inglés *we should have*.
11. **Pero no las tenían todas consigo** quiere decir *not to rate one's chances* o *to have one's doubts*.
12. **Poli** (*cop*) como **profe** (*Prof.*) son abreviaturas. Otras abreviaturas comunes son: **bici** (*bike*), **boli** (*ball point*), **moto** (*motorcycle*) y **cole** (*school*).
13. **Desviaba [el ojo] un punto** quiere decir que el ojo desviaba un poco.

ACTIVIDADES

A. **¿Qué sabe usted?**
   1. ¿Qué hizo Héctor con la llave que la abuela le dio para abrir la cerradura de la puertecilla de hierro?
   2. ¿Cuál es el secreto mejor guardado?
   3. ¿Por qué estaba triste Luis?
   4. ¿Qué negocio tiene la tía de Susana?
   5. Según Susana, ¿por qué solía vestirse de chico?
   6. En el código de la tropa, ¿qué significa la palabra **reunión**?

7. ¿Cuál será el trabajo del abogado Rueda con respecto a Luis?
8. ¿Qué quería X que hicieran Luis e Isabel en plan de vigilancia?
9. ¿Qué mentira le dijo Mora a la abuela?
10. ¿Por qué quiso hacer un poco de ejercicio Mora al encaminarse hacia el estacionamiento subterráneo?

B. Comentarios sobre el dibujo (página 19)
1. Haga una descripción objetiva de todo lo que se ve en la ilustración.
2. Explique porqué los tres muchachos se encuentran en la librería.

C. Actividad cooperativa de conversación
1. Las actividades de Héctor, Benjamín y Luis cuando se encuentran en la madriguera.
2. Lo que se sabe de Susana, Isabel y Toni.
3. La intervención de Mora en esta sección.
4. Lo que se sabe de Victoria, el tráfico de arte y el problema de los muchachos frente a esta situación.

D. Ideas personales
1. **Toni cazó al vuelo la idea.** Esta expresión idiomática significa que comprendió inmediatamente la idea. ¿Qué ideas de esta lectura ha cazado al vuelo usted?
2. ¿Qué lugares secretos tenía usted cuando era muy joven?
3. Héctor entendía la tristeza que sentía Luis. En un momento de angustia o de tristeza que sentía un amigo o amiga suyo, ¿cómo le trataba de animar usted?
4. El autor de la novela describe a Toni como **ser más listo que el hambre**. ¿Conoce usted a alguien que sea más listo que el hambre? ¿Quién es y qué evidencia tiene usted de que esa persona sea así?
5. La expresión **a otro perro con ese hueso** quiere decir que no se cree lo que ha dicho otra persona. ¿Cuándo has tenido ganas de decirla a otra persona?

6. Héctor aprovechaba todas las ocasiones para dejarse caer por la librería. ¿Qué lugar le gusta mucho a usted y con qué frecuencia se deja usted caer por ese lugar? ¿Por qué?
7. Para X, la palabra del abuelo era ley. ¿A quién conoce usted cuya palabra es completamente honrada? ¿Por qué es así?

E. Más vale pluma que espada
Escójase uno.
1. **La honestidad es la mejor política.** ¿Qué opina usted sobre esta expresión? Explique porqué.
2. **La comida.** ¿Qué aspectos de la comida le gustan más? ¿prepararla? ¿comerla? ¿usarla como una ocasión social? Escriba usted algo interesante sobre algún aspecto de la comida.

F. Más puntos culturales
1. **Los hispanos y latinos tienen una manía hacia el fútbol** (*soccer*). Incluso, se ha inventado un juego de mesa que se llama **futbolín** (*foosball, table soccer*) que a los muchachos les encanta jugar.
2. **Héctor dio una palmada cariñosa en el hombro de Luis.** Entre amigos y miembros de la familia, hay mucha tendencia a tocarse físicamente uno a otro de forma cariñosa.
3. **La palabra del abuelo, para X, era ley.** O sea, la palabra era honrada. El concepto está relacionado al **pundonor** (punto de honor). En otras palabras, uno puede tener toda la confianza en lo que otro dice a base de su **pundonor**.

Orientación Inicial

A. Un puño de puntos claves
1. Lo que pasó durante el encuentro en el estacionamiento subterráneo
2. El plan de acción que Héctor propuso a los otros de la tropa
3. El movimiento de los chicos al desempeñar el plan de acción
4. La maniobra de Héctor en la tienda de muebles

B. ¿Qué opina usted?
Intercambie con un compañero o una compañera sus opiniones sobre estos temas. Tome nota de sus ideas. Haga una presentación a la clase.
1. Situaciones en las que es bueno cooperar con la policía.
2. La dificultad que uno siente cuando tiene que identificar a una persona que ha cometido un crimen.
3. Hay que respetar los horarios. ¿Qué opina usted sobre este concepto?

C. ¡Diga usted!

1. Usted es policía. Usted quiere que un joven, menor de edad, le ayude a investigar un caso en el que conviene que intervenga un joven. Usted tiene que inventar un cuento, que no es del todo verdadero, para que los padres acepten que el joven participe. Los padres no saben que usted es policía. ¿Qué cuento les dice usted a los padres? Invente un cuento que tenga pinta de verdad.
2. Usted es el dueño o la dueña de un estudio que produce discos de música popular y moderna. Recientemente su compañía no ha producido ningún éxito y necesita determinar qué música iría bien entre los jóvenes y qué tipo de letra (o mensaje) les sería interesante. ¿Qué opina usted? ¿Qué les interesaría a los jóvenes contemporáneos?

D. Puntos culturales

1. En los grandes centros urbanos de los países hispanos o latinos, debido a la gran cantidad de coches, los ingenieros urbanos han tenido que crear estacionamientos subterráneos. Este elemento de ingeniería es un indicio de cómo las sociedades modernas han solucionado un problema grave de la congestión automovilística.
2. **Olor a iglesia vieja.** En España hay iglesias que fueron construidas hace varios siglos. A través de los años el polvo se acumula y envejece hasta producir un olor de vejez.
3. La influencia de Francia le ha llegado al español igual que al inglés en el uso de la expresión de *touché*. Sin embargo, en español se emplea la traducción española **tocado**, mientras en inglés se emplea la misma palabra francesa.
4. En España como en otros países latinos, el horario en casa cambia un poco los fines de semana. La comida principal, que normalmente se sirve alrededor de las 2:00 de la tarde entre semana, se sirve más tarde o sea entre las 4:00 y las 5:00 de la tarde, sobre todo los domingos.

TEXTO

Héctor corrió tras él. Echó el ojo a la primera planta del subterráneo.
No lo vio.
En la segunda, tampoco.
Por fin lo distinguió. Avanzaba hacia su coche entre la penumbra y el olor a tubo de escape de la tercera.
El inspector oyó pasos apresurados. La mano se le fue a la culata de la pistola reglamentaria que solía llevar en la sobaquera y se volvió, pero reconoció a X y no llegó a desenfundar.
Esperó a que el chico se acercara y soltó:
—¿Quién te ha dicho que quería hablar contigo?
La voz retumbó en el sótano.
—Puesss... —titubeó—. Lo he visto por el barrio y he supuesto que...
Héctor no quería decir nada que pudiera darle pistas sobre dónde estaba la madriguera.
—Ya —exclamó el inspector con aire de incredulidad. Luego preguntó—: ¿Me has venido siguiendo desde allí?
—Sí. —Y le reprochó—: No es bueno que nos vean juntos cerca del mercado. Por eso le he seguido a distancia hasta llegar al parking. «Tiene razón el niñato —se dijo Mora—. ¿A ver si va a salirme la criada respondona?»[1]
El policía había ido a casa de los abuelos porque deseaba conocer a la familia del chico antes de arriesgarse a iniciar la operación. «si meto la pata, el comisario puede cortarme las orejas».
Mora era de los que creían en el «de tal palo tal astilla». Y le había gustado la abuela de Héctor. «Parecen gente sana.»[2]
El policía tomó por el hombro al muchacho. Lo agarró con fuerza. Extrajo un sobre del bolsillo y anunció:
—Quiero hablarte de esto.
X no dijo nada.
—Contiene fotos.
El chico permaneció en silencio, con los ojos muy abiertos.
—Vamos al coche— ordenó el sabueso.
El automóvil trajo malos recuerdos a Héctor.
No bien se sentaron, el inspector Mora endureció el gesto. Señaló con un dedo huesudo las fotografías y preguntó:
—¿Conoces a esta gente?
X miró sin prisa las caras —de frente y de perfil— de las fotografías y acabó por asegurar:

—No los he visto en mi vida.

Era cierto.

El inspector Mora exclamó:

—Atento al parche. Abre bien los ojos y fíjate... Si aparece alguno de éstos por el barrio, me llamas en seguida. Son los reyes del contrabando de obras de arte.

—¿Puedo quedarme con las fotos?

El policía se dijo: «Si llega a saberse que estoy utilizando mocosos en una investigación, va a caerme un puro de narices...[3] Y si le dejo las fotografías, voy a darle una prueba que algún día puede restregarme por los morros.»

Héctor lo vio dudar e insistió:

—¿Me las quedo?

—¿No eres capaz de recordarlas...? Yo nunca olvido una cara.

—No soy Supermán— repuso el chico en un susurro, mientras pensaba: «Ahora es cuando me cae la torta.»

Mora permaneció en silencio. Valoró los visillos planchadísimos que había visto en el recibidor de casa de los abuelos de Héctor, los muebles antiguos sin una mota de polvo, las lámparas de pantalla de pergamino, los dorados relucientes y la figura apacible de la abuela.

El policía se dijo: «La familia parece de fiar... Voy a arriesgarme... Merece la pena. Si resuelvo el caso, voy a ganarme el ascenso.» Y accedió:

—Toma las fotos, pero guárdalas en sitio seguro. Son materia confidencial de nuestros ficheros. Si las pierdes..., ¡pobre de ti!

Héctor, de momento, decidió no revelarle las pesquisas que había hecho en la librería ni su plan. «Ese poli es muy chulo.[4] Más vale que no confíe en él.»

Héctor estaba a punto de salir del coche cuando el inspector sonrió con expresión enigmática y dijo:

—Otra cosa...

El muchacho se preguntó: «¿Qué querrá ahora?»

El policía se apeó. Se dirigió al maletero y sacó una cartera de piel de becerro que contenía un par de pequeños teléfonos sin hilos.

Mora abrió la cremallera. Extrajo los aparatos y mostró a X cómo funcionaban.

El muchacho iba siguiendo las explicaciones con aire intrigado.

Antes de dar por terminada la demostración, el inspector le pidió que fuera a un rincón del oscuro estacionamiento.

Se cruzaron un par de llamadas en ambos sentidos y volvieron a reunirse junto al coche camuflado de la policía.

Mora guardó uno de los aparatos en la guantera del automóvil. Apuntó al otro teléfono y dijo:

—Si tienes que darme algún mensaje, llámame por ese walkie-talkie... —Y precisó—: De día o de noche. El asunto es muy, pero que muy importante. De muchos millones en antigüedades y obras de arte robadas y falsificadas. —Acabó por lamentar—: Siempre hay coleccionistas dispuestos a pagar por cuadros auténticos que no pueden venderse en el mercado legal porque están fichados y tontainas que se dejan engañar por imitaciones engrasadas y ahumadas para dar el pego.

X regresó al barrio a paso ligero. Llevaba en la cartera el teléfono y las fotos. El calzado de deporte con almohadilla de aire bajo el talón le daba más sensación de volar que de correr por aceras y asfaltos.

No tardó en llegar al callejón. Se metió en el pasadizo descendente que terminaba en la madriguera. Disfrutó de lo que llamaba «olor a iglesia vieja». Y oyó al fondo una música estridente. X sabía que era la favorita de Susana.

La chica solía aparecer con la casete en el bolsillo y ponerla a la primera oportunidad. «Es que alucino... ¡Alucino!», aseguraba.

La bomba H estaba jugando al futbolín al son del tutururu-ruru...ra...

El resto de la tropa, que estaba al completo, andaba jugando a los dardos. Tiraban contra una diana de corcho.

Héctor saludó a Susana con un:

—Lo que te gusta de ése son los dientes, ¿no?

Se refería al líder del grupo musical.

—Envidia... —repuso ella sin levantar la vista.

—Si se les ocurriera sacar un elepé que se titulara *Ortodoncia*, menudo éxito iban a marcarse.[5]

—¿Lo dices porque tienes complejo de paladar de plástico? —escupió la chica.

Héctor había sufrido durante años el martirio de los alambres en la dentadura hasta que un buen día «el sacamuelas» —como lo llamaba— atendió a sus protestas y accedió a ponerle un paladar de quita y pon que llevaba sólo mientras dormía.

X no contestó a la pulla[6] de la chica. Se dijo: «Tocado». Y se fue a otra cosa. Llevaba en la mano la cartera con el walkie-talkie y dándose importancia dijo:

—Podemos llamar a la poli cuando queramos.

Luego contó lo ocurrido aunque todos andaban ya más o menos al corriente. Acabó por proponer una división del trabajo:

—Hay que empezar por seguir a los habituales de las revistas de arte. —Señaló a la bomba H y a Toni y dijo—: Vosotros formaréis un dúo y os pegaréis a los talones del pintor. —Se interrumpió para reflexionar. Afirmó con la cabeza y prosiguió—: Ese no para. Quizá tengáis que seguirlo en moto.

Toni y Susana, casi al unísono, dijeron:

—De acuerdo.

Héctor se dirigió a Luis, que ahora parecía menos abatido, y preguntó:

—¿Has hablado con Isabel de vuestra misión?

—Sí —contestó la hija del confitero y ciñó con el brazo a su pareja de puesto de observador—. Vigilaremos la tienda de muebles desde la pastelería.

—Bien —exclamó Héctor con satisfacción y acabó por decir—: Benjamín y yo nos ocuparemos del doctor Barba.

Sección 3 **31**

X se reservaba al médico. Había que entrar en su piso y le encantaba escalar. Contaba con el pequeño de la tropa para vigilar la calle por si alguien se acercaba. «No quiero que me pesquen en plena faena», había resuelto.

Antes de «iniciar las operaciones», Héctor tomó las fotos que le había dado el inspector Mora y aseguró:

—Son chorizos de obras de arte que están fichados por la policía.

Y las entregó a Susana para que las hiciera circular de mano en mano entre los allí reunidos.

—¿Os suena la cara de alguno de estos angelitos?[7]

Todos fueron negando con la cabeza tras fijarse mucho. No les sonaba ninguno de los sospechosos de las fotografías de los archivos policiales.

Héctor volvió a meterlas en el sobre. Separó una piedra que encajaba perfectamente en la pared. Situó en el fondo del hueco el walkie-talkie y también las fotos, y devolvió la pequeña losa a su sitio.

—Nada por aquí, nada por allá —exclamó con aires de prestidigitador mientras pasaba los dedos por la pared para comprobar que no se notara el escondrijo en que ocultaban el «material confidencial».

Habían hecho un par de agujeros en la madriguera y Benjamín sentenció:

—Ya os decía yo que íbamos a necesitarlos... Ya lo decía yo.

Héctor se fijó en su reloj de pulsera de plástico negro y dijo:

—¡Uf...! Voy a comer.

Los sábados y domingos se comía tarde en casa de los abuelos, pero X se estaba pasando de la raya.[8] Antes de marcharse dijo a Susana:

—Me gustaría hablar contigo.

—Te acompaño —repuso la bomba H.

Los dos salieron por el pasadizo. Cuando estaban en el callejón, Héctor susurró:

—Hay algo que me gustaría que hicieses.

Ella lo miró con ojos encendidos. Parecía un pantera negra.

X continuó:

—Si tenemos en el barrio un traficante de cuadros... o de esculturas o muebles, supongo que estará suscrito a revistas extranjeras de arte y las recibirá por correo. —Entrecerró los párpados y preguntó—: ¿Conoces al cartero? ¿Puedes echar el ojo a...?

Susana le palmeó la mano como si fuese una estrella de baloncesto y aseguró:

—Dalo por hecho.

Héctor le guiñó el ojo y salió a escape.

Cuando entró en el comedor, los abuelos estaban sentados a la mesa pero no habían comenzado aún a almorzar.

El se excusó:

—Se me ha ido el santo al cielo.[9] Cuando me he fijado en la hora era ya tardísssimo.[10]

La abuela acababa de servir la sopa de rabo de buey y había tapado la de Héctor con un plato boca abajo para que no se enfriara demasiado.

El abuelo se pasó la mano por la calva reluciente y, mirándolo por encima de las gafas montadas al aire, lo riñó sin apenas levantar la voz:

—Hay que respetar los horarios. Si no, cuando seas mayor...

La abuela, que era redondita y astuta, lo interrumpió para decir:

—Anda. Anda. A comer. Que se va a enfriar... —Y habló del que se había presentado aquella mañana como entrenador de fútbol—: Héctor, creo que van a ponerte en el equipo. Ha venido a verte un profesor...

«Vaya, ese poli es muy listo. Ha logrado engañarla... Y no es cosa fácil. ¡Qué va!», se dijo X mientras trataba de no sonrojarse e imaginaba al inspector Mora con dientes de lobo feroz.

◆

Aquella tarde, Isabel —la A de la tropa— se ofreció a limpiar a fondo los estantes de la pastelería.

Era una rubiales de ojos azul pálido y piel de melocotón. Parecía una de esas chicas que viven encerradas en su mundo, pero las apariencias engañaban y no se le escapaba detalle.

—Me ayudará Luis —dijo a su madre—. Es muy cuidadoso. Los dejaremos relucientes.

Y se pusieron a frotar y frotar sin perder de vista la tienda de muebles.

Cada vez que alguien entraba o salía del local de enfrente, tomaban nota en una libreta. Pero no les pareció ver nada sospechoso.

Luis, entre bombones y pasteles —y sobre todo al lado de ella—, se notaba protegido por un no sé qué[11] cálido que le sabía a chocolate del bueno.

El chico andaba pensando con inquietud en que *el Estirado* también «iba por ella» cuando apareció Héctor.

Benjamín se quedó fuera, sentado en el bordillo de la acera. Parecía un guardaespaldas en miniatura de cabello dorado.

—¿Alguna novedad? —preguntó X después de pensar: «¡Qué bien huele la pastelería!»

—De momento, nada —repuso Luis.

—Ya sabéis —dijo el jefe de la tropa—: Si veis entrar a alguien que os recuerde a los de las fotos. O cargar, o descargar cuadros o bultos raros...

Mientras hablaba, Héctor iba acariciando una bolsa cuadrada de lona roja que llevaba prendida del cinturón. En su interior escondía el walkie-talkie.

—Estamos tomando nota de todo. —Isabel le tendió la libreta y señaló la hoja en que habían iniciado las anotaciones—. ¿Qué te parece? ¿Algo sospechoso?

Héctor se rascó la coronilla y devoró las líneas:

—Parece que los que han pasado por la tienda de muebles son gente del barrio..., menos un tipo. —Y leyó—: *Pelo largo. Mucha barba. Abrigo oscuro. Flaco. Se fue en taxi.*

—No se parecía a los de las fotos —aseguró Luis.

—¿Y si la barba fuese postiza y el pelo también? —objetó X abriendo mucho los ojos. Luis e Isabel se miraron con aire de impotencia. Héctor propuso:

—Si aparece alguien que no sea del barrio, tenéis que acercaros para verle bien la cara.

—De acuerdo —dijo Luis.

La chica tomó una tarta de manzana y cortó tres porciones. Dio a Luis la más jugosa. A X la más grande y se quedó con una minúscula.

La hermana pequeña de Isabel era una coletas que andaba siguiéndolo todo oculta detrás de una puerta. Salió de su escondite y dijo:

—También quiero.

Cortó dos pedazos y se fue a la calle con Benjamín.

En cuanto Héctor hubo dado buena cuenta[12] del pastel se dirigió a la tienda de muebles. Quería ver las caras de los empleados.

El local olía a barniz. La mayoría de las piezas que allí se exhibían eran de diseño simple y de pino.

La propietaria del negocio, que llevaba el cabello cano recogido en un moño, recibió al muchacho con amabilidad.

—¿Puedo ayudarte en algo?

X llevaba la respuesta preparada y soltó:

—Necesito una cola que sea muy buena. Tengo que reparar un taburete.

—Puesss... No sé si hemos recibido.

Y preguntó a una chica muy pintadita ella que andaba en la trastienda.

Héctor asomó la cabeza para observarla y pensó: «Ni esa tía guena[13] ni la dueña se parecen a las de las fotos.»

La dependienta tomó un bote y dijo:

—Esta marca va muy bien...

—El taburete se ha desencolado muchas veces —aseguró Héctor con aplomo. Parecía la verdad—. ¿Pueden prepararme una cola especial?

—Voy a pedírselo al ebanista —repuso la propietaria.

—¿Puedo acompañarla?

—Ven conmigo.

Entraron en el taller. Olía a serrín. Allí trabajaban cuatro hombres. X fingió un interés súbito por sierras eléctricas y tablas de madera. Fue curioseando hasta comprobar que ninguna de aquellas caras se parecía a las de las fotos.

La dueña del negocio preguntó a un hombre maduro que llevaba un mono gris:

—¿Puede prepararme una cola que sea muy resistente?

—Claro... Pero no ahora. Estoy terminando una puerta.

—¿Cuándo estará lista?

—A última hora.

—¿Cuánto costará? —quiso saber Héctor.

El ebanista tomó el lapicero que reposaba sobre la oreja y echó cuentas sobre una tabla de pino sin barnizar.

X no tenía la menor intención de gastar la paga. Cuando oyó el precio puso gesto de ¡qué caro! y dijo:

—Antes de encargarla, tengo que pedir permiso a mi abuela. Quizá le parezca mucho y... Si me dice que sí, volveré.

Mientras Héctor se alejaba, el hombre del mono gris fue siguiéndolo con mirada fría y expresión de desconfianza.

Cerca de la salida el muchacho preguntó de improviso a la propietaria:

—¿Ha visto a mi tío? —Inventó lo de «mi tío»—. Me dijo que pasaría por aquí esta tarde.

—¿Tu tío? —repuso ella con aire interrogativo.

—Sí. Es artista. Lleva una barba grande. Es muy delgado. «A ver si cae de una vez y me dice quién cuernos[14] era el tipo que vieron desde la pastelería», pensó Héctor.

—Hace un rato, pasó por la tienda un señor delgado con barba.

—¡Ah...! ¿Es cliente suyo?

La dueña torció la boca. Dudó y negó con la cabeza:

—No. No. No lo había visto antes. —Se pasó la mano por la mejilla y prosiguió—: Dijo que... Déjame recordar. Ah... Sí... dijo que se dedicaba a restaurar muebles. Quería comprarme sillas antiguas, pero no tenemos.

—Debía de ser mi tío —mintió X—. ¿Se quedó con algo?

—No —repuso ella con sequedad.

—¿Dijo adónde iba?

Volvió a negar.

Al ver que no conseguiría ni un gramo de información, Héctor se despidió y salió a la calle pensando: «¿Me habrá dicho la verdad?»

El chaval puso cara de duda. Frunció la boca y se dijo: «Aunque, por aquí no he visto ni cuadros ni muebles antiguos. Ni sombra de los sospechosos de las fotografías.»

X estaba cruzando la calzada cuando se oyó el bramido de un motor que aceleraba y se le echaba encima por la espalda.

Notas lingüísticas

1. **A ver si va a salirme la criada respondona** significa *let's see if I get more than I bargained for*. Entonces **le salió la criada respondona** quiere decir *he/she got more than he/she bargained for*.

2. **Parecen gente sana.** Sano/a no es equivalente a la palabra inglesa *sane* en el sentido mental, sino en el sentido de salud en general.

3. **Va a caerme un puro de narices** es lo mismo que *I'll be in real trouble.*
4. **Chulo** en España significa *cocky, impudent, insolent* o *from the lower class*; en México significa *pretty* o *beautiful*.
5. **Menudo éxito iban a marcarse.** Otra forma verbal para expresar el mismo concepto es **menudo éxito se marcarían**.
6. **Contestar a la pulla.** En este contexto, hay que ponerle la partícula **a**. La forma interrogatoria sería ¿a qué pulla contestaste?
7. **¿Os suena la cara de alguno de estos angelitos?** El uso del verbo **sonar** en este contexto en lugar del verbo **reconocer** es un ejemplo de **sinestesia**, o sea, el uso de una palabra de cierta cualidad en lugar de otra.
8. **Pasarse de la raya** es literalmente *to step over the line, go too far,* o *go past the limits.*
9. **Se me ha ido el santo al cielo** es lo mismo que *to completely forget,* o *lose one's train of thought.* Más común es el verbo **olvidar** con las variantes **olvidar(se) de** y **olvidársele**.
10. **Tardísssimo.** Ortografía especial para exagerar la pronunciación.
11. **Un no sé qué...** significa *a certain something.* Aquí hay un ejemplo de formar un sustantivo de varias palabras.
12. **Dar buena cuenta del pastel** quiere decir *to give a good accounting of the pastry,* o sea *to polish it off.*
13. **Esa tía güena.** En España se usa **tío** o **tía** como equivalente en inglés de *guy* o *gal.* **Güeno** o **güena** es una aberración fonológica de **bueno/buena**.
14. **Quién cuernos...** es decir *who the devil ....*

ACTIVIDADES

A. ¿Qué sabe usted?
1. ¿Dónde vio Héctor al inspector Mora, cuando éste avanzaba hacia su coche?
2. ¿Por qué quiso Mora ir a conocer a los abuelos de X?
3. ¿Cuáles son las dos cosas que Mora le dio a Héctor durante su encuentro en el estacionamiento subterráneo?

4. ¿Por qué eran importantes las fotos?
5. ¿Qué problema dental había sufrido X?
6. ¿Quiénes eran los dos chavales que iban a vigilar desde la pastelería?
7. ¿Quiénes eran los dos chavales que iban a pegarse a los movimientos del pintor?
8. ¿Qué parte del plan de X iban a hacer X y Benjamín?
9. ¿Qué tiene que hacer la bomba H con respecto al cartero?
10. ¿Qué maniobras hizo Héctor en la tienda de muebles?

B. Comentarios sobre la lectura
1. Describa la acción que toma lugar en esta sección.
2. Explique porqué se hicieron estas acciones.

C. Actividad cooperativa de conversación
1. Lo que pasó durante el encuentro de Mora con X en el estacionamiento subterráneo.
2. Los detalles del episodio desde el momento cuando X dejó a Mora en el estacionamiento hasta cuando estuvo solo con la bomba H en la calle.
3. Los detalles de lo que pasó en la pastelería y en la tienda de muebles.
4. Evidencia de que Héctor está totalmente en control a lo largo de esta sección de lectura.

D. Ideas personales
1. Mora se pregunta si le va a salir la criada respondona. ¿En qué situación le salió a usted la criada respondona?
2. Mora le dice a X que esté atento al parche cuando están revisando las fotos de algunos criminales. En general, ¿cuándo es necesario estar atento al parche? (Búsquelo en el glosario.)
3. ¿En qué situación le cayó a usted un puro de narices? Explique.
4. ¿Tiene usted calzado de deporte con almohadilla de aire bajo el talón? ¿Puede usted notar una diferencia con esos zapatos? Explique la diferencia.
5. Susana dice que **alucina** cuando escucha su casete favorita. ¿Qué significa? ¿Alucina usted por algún tipo de música, o sea, le lleva la música a otro nivel de estado mental?

Sección 3   **37**

6. Héctor ha sufrido la ortodoncia y los alambres (o frenos) en los dientes. ¿Y usted? ¿Qué es lo peor de tener que llevar alambres?
7. ¿Quién lleva un paladar de plástico de quita y pon?
8. Héctor se dio importancia cuando mencionó que podía llamar a la poli cuando quisiera. Todos nos damos importancia en algún momento. ¿Qué dice usted a veces cuando quiere darse importancia frente a los amigos u otros conocidos?
9. Los de la tropa son inteligentes y andan al corriente en lo que pasa en el barrio. ¿Anda usted al corriente? ¿En qué cosas anda usted al corriente?
10. ¿En qué situación reciente se le ha ido a usted el santo al cielo? Explique el caso.

E. Más vale pluma que espada
Escójase uno.
1. La necesidad de cooperar con la policía.
2. El valor de las tradiciones familiares y el valor de cambios.

F. Más puntos culturales
1. El sistema de correos en España funciona más o menos igual al de Estados Unidos. A veces, en algunos países latinos, el servicio no es tan fiel como el que se acostumbra en Estados Unidos.
2. **Susana le palmeó la mano como si fuese una estrella de baloncesto.** La influencia cultural de los jugadores de baloncesto estadounidenses ha llegado a España. El equivalente español de *give me five* es **chócalas**.
3. **Sopa de rabo de buey.** En el mundo hispano y latino, la tendencia es de usar toda parte del animal como alimento.
4. Según el abuelo, «Hay que respetar los horarios. Si no, cuando seas mayor...». Una función de los abuelos y otros miembros mayores de la familia es mantener las tradiciones y el orden.
5. **Los negocios de familia.** Los padres les dan trabajitos a los hijos para que aprendan el valor de cumplir con las responsabilidades laborales.
6. **Caerle la torta** (*to get slapped*) es una de muchas expresiones que existen en español para expresar el concepto. Otras dos expresiones son **darle una bofetada** y **darle un bife**.

4

ORIENTACIÓN INICIAL

A. Un puño de puntos claves
1. Cómo los falsificadores producen copias de cuadros auténticos
2. El plan de los chavales para vigilar el movimiento de varios personajes
3. Las aventuras de Héctor y Benjamín en la casa del pintor
4. La intervención del inspector Mora

B. ¿Qué opina usted?
Intercambie con un compañero o una compañera sus opiniones sobre estos temas. Tome nota de sus ideas. Haga una presentación a la clase.
1. El problema del plagio académico y la falsificación de obras artísticas.
2. Los coleccionistas de obras maestras de arte y el alto valor de ciertas obras maestras.
3. La sensación que usted siente cuando le cuenta una de indios a un conocido, y éste descubre que es una mentira.

C. ¡Diga usted!

1. Imaginemos que usted descubrió un cuadro de Picasso que habían robado de un museo desde hace varios años. Usted no se da cuenta del valor del cuadro pero cree que es una obra de Picasso. ¿Cuáles son las opciones que usted tiene en su deseo de hacer algo con el cuadro? ¿Qué piensa hacer usted con el cuadro?
2. Usted desea entrar en la casa de otra persona para investigarla porque usted cree que el dueño de la casa es una persona metida en ciertas actividades ilegales. ¿Qué excusas le da usted a la criada para poder entrar en la casa sin dificultades?

D. Puntos culturales

1. Muchas personas en España tienen ciclomotores porque es un medio de transporte barato y eficaz dentro de una zona urbana.
2. Los ancianos son respetados, sobretodo los abuelos de la familia. Los nietos aprenden a respetarlos.
3. Una actividad escolar bastante popular en los países hispanos y latinos es llevar a los alumnos a los museos para que puedan copiar la descripción de las piezas artísticas que se ponen en exhibición o dibujar copias de las mismas piezas. Se supone que estas visitas les ayudarán a apreciar el valor de los museos.
4. Hay **ratas de biblioteca** en España igual que en Estados Unidos. Es curioso que se emplea la misma metáfora en ambos países para referirse a una persona que pasa mucho tiempo leyendo en una biblioteca.
5. **Jugar a las prendas** es un juego como el *Spin the Bottle*. A quien le toca el turno tiene que hacer algo o, si no, entregar una prenda.

TEXTO

Era la bomba H motorizada que a pocos metros de Héctor hizo derrapar la máquina y, ejecutando un número de circo, se detuvo con precisión a su lado.

Benjamín siguió la maniobra y se dijo: «Esa niña es una imprudente. Cualquier día se mata.»

Aunque era el pequeño de la tropa, razonaba como un viejo cargado de experiencia.

X logró dominarse y no se notó el susto que le había dado Susana.

Ella levantó la visera de su casco y con voz apresurada:

—Nos hemos pegado al pintor y hemos descubierto que anda muy preocupado por las imitaciones de grandes cuadros.

Se subieron a la acera y Héctor preguntó:

—¿Quién te lo ha dicho?

—Se lo hemos oído a él. Ahora mismo está hablando de falsificaciones en la librería.

—Voy —dijo X.

Y salió corriendo.

Benjamín lo siguió a toda velocidad como si lo anduviese escoltando.

Antes de doblar la esquina Héctor interrumpió la carrera, «para disimular». Llegó frente a las pilas de revistas y periódicos con paso sosegado.

Benjamín no tardó en aparecer y cruzó para vigilar desde el otro lado de la calle.

El hijo del librero se hallaba dentro del local y no se perdía palabra[1] de lo que estaba diciendo el pintor:

—Si vas a un gran museo, verás gente pintando copias de las grandes obras. —Levantó el dedo descarnado para asegurar—: Muchas veces no se distinguen del cuadro auténtico. Por eso suelen obligar a pintarlas de tamaño distinto al del[2] original. Por si las moscas.[3]

El hombre tenía mala dentadura. Su cabello era gris y llevaba sombrero oscuro.

Victoria, la dependienta, iba con un vestido granate muy ceñido. Seguía con interés sus explicaciones y repuso:

—Hay falsificadores que son capaces de preparar las pinturas con los mismos ingredientes que los grandes maestros.

—Y llegan a usar técnicas y telas de la época. —Se acarició la barbilla y continuó—: Hay quien logra incluso puntos negros, como las motitas que dejan las moscas, por el procedimiento de esparcir mezclas de goma teñida de sepia y tinta china. Héctor se acercó a su camarada y lo miró con intención. Toni le devolvió un guiño de compincheo que quería decir: «Lo he oído todo.»

El pintor prosiguió ahora con los análisis que podían hacerse para descubrir cuadros falsos.

Los dos chicos aparentaban no andar interesados en lo que escuchaban. Mientras tanto hojeaban álbumes para elegir los mejores, cosa que solían hacer.

Toni, que tenía aspecto de rata de biblioteca, se pasaba la vida negociando y renegociando con su padre. Había llegado al acuerdo de lavarle el coche una vez a la semana a cambio de poder llevarse tebeos prestados a la madriguera. Luego los devolvía a los estantes y apenas se notaba que ya habían sido leídos.

El pintor se puso a hablar de diseño. Alabó a Ricci. Dijo que los italianos eran únicos, que pensaba suscribirse a una publicación muy buena de Milán. Compró un fascículo que trataba de pintura del Renacimiento. Se despidió de la chica e, ignorando a Héctor y Toni, se encaminó a la puerta.

«Ese panoli quiere ligársela —se dijo X—. La verdad es que Victoria no está nada mal.»

A Héctor le gustaban lo que llamaba «chicas hechas y derechas». Por culpa de esa inclinación le habían dado ya más de un chasco. Llevaba meses suspirando por la dependienta de la librería de Toni, pero ella ni caso.

X no había hablado con nadie de aquello. Ni insinuarlo.

———◆———

El pintor iba ya a salir de la librería cuando apareció un amigo que llevaba traje replanchado y corbata nueva de seda natural.

—Pasaré por tu sala de exposición a última hora[4] de la tarde —anunció el recién llegado. Luego preguntó—: ¿Estarás?

—Voy para allí y no pienso moverme. —Puso cara de pícaro para añadir—: A ver si me compras algún cuadro.

—Si me encapricho —repuso con voz aflautada—: Ya sabes que me gusta coleccionar.

—Te esperaré —dijo el pintor tras pensar: «Voy a colocarte un par de telas por lo menos. Y de las peores, so pedante.»

Hizo un gesto de «adiós» rozando el ala de su sombrero con los dedos y se alejó a grandes zancadas.

X y el hijo del dueño de la librería salieron tras él. No se les había escapado ni una coma de la conversación.

La bomba H los alcanzó con el ciclomotor. Héctor dijo:

—Susana, pégate a ese tipo. No lo dejes ni a sol ni a sombra.

Y dirigiéndose a Toni:

—Procura apoyarla.[5] Si hay alguna novedad, advierte a los de la pastelería.

Pensaba utilizar como enlace a la pareja que andaba entre tartas y bombones. «Esos dos tortolitos no van a separarse en toda la tarde», pensó.

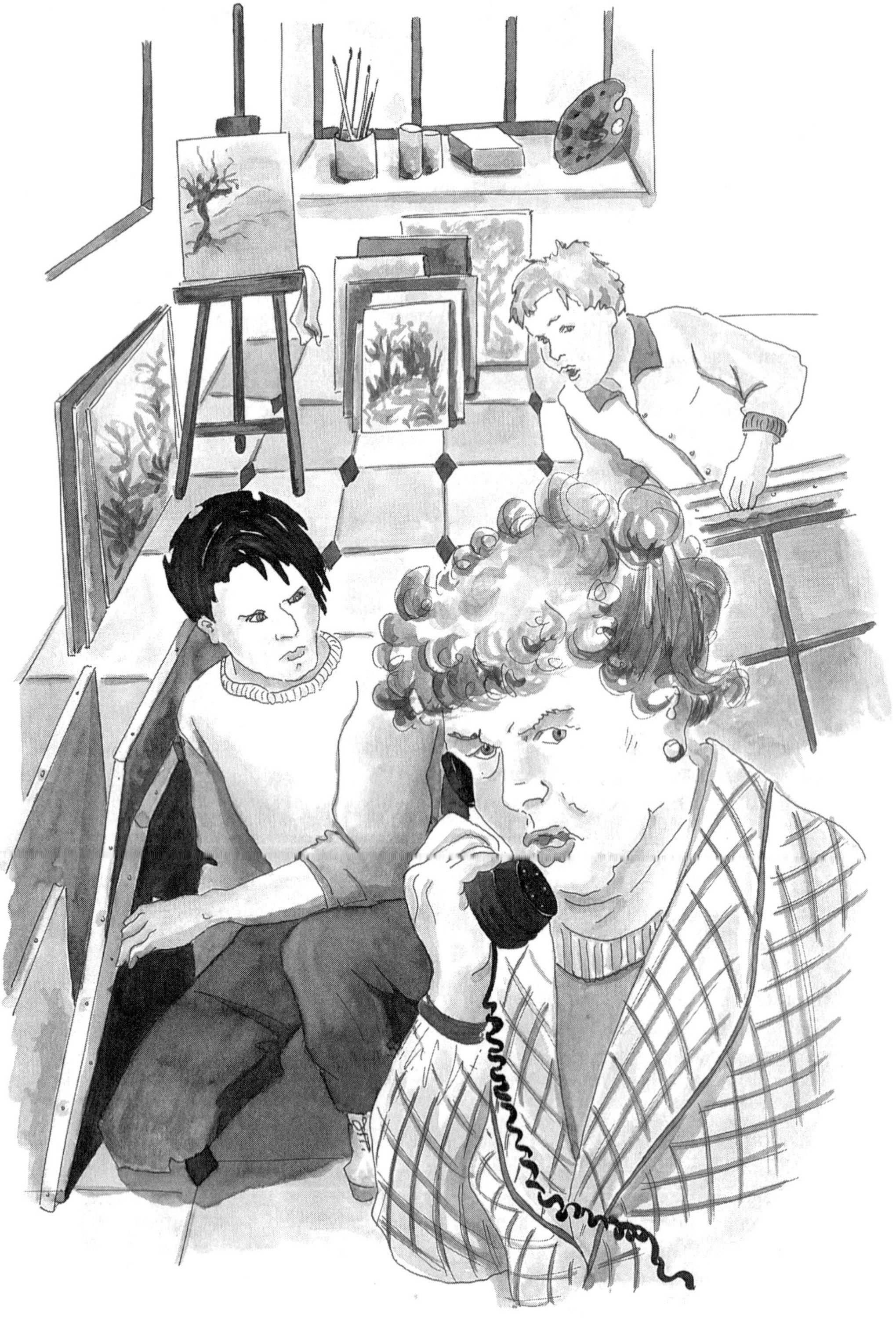

Tan pronto como Toni se marchó, Héctor cruzó la calle y fue a reunirse con el pequeño del grupo, que seguía de guardia, para urgir:

—Hay que aprovechar la oportunidad. Mientras el del sombrero anda lejos, vamos a meter la nariz en su guarida.

Llamaron a la puerta de la casa del pintor y nada.

Volvieron a llamar. Se oyó una voz cascada que chillaba «ya voy»,[6] y les abrió la vieja criada:

—¿Qué queréis?

Héctor soltó una historia:

—El pintor está en la sala de exposi...

—Ya lo sé —lo cortó con voz de bruja.

—Me ha dicho que necesita que le lleve un cuadro...

—¿Qué cuadro? —quiso saber con mirada atravesada.

La mujer no tenía cintura ni casi cuello. Parecía un fardo y su bata de cuadritos no la ayudaba a mejorar la figura.

—Me ha dicho dónde puede estar. —Señaló hacia dentro—. Si me deja pasar...

Aquella era una casa de dos plantas y altos techos que pertenecía a la familia desde principios de siglo. Ahora sólo vivía en ella la vieja criada «con el señor».

La mujer los hizo pasar a un recibidor oscuro de muebles amazacotados. Antes de permitirles que se llevaran la tela, se puso a marcar el número de teléfono de la sala de arte. Quería que «su señor» le diera autorización.

Héctor y Benjamín se miraron con ojos de «va a cazarnos».

El pequeño del grupo estaba lívido. X contenía la respiración y se decía: «¿Qué será mejor? ¿Escapar o aguantar el chaparrón? Si pasa algo, ¿nos sacará del lío el inspector Mora?»

Al otro lado del hilo, alguien descolgó el aparato:

—Sala de arte Contradditorio. Dígame.

La criada miró de reojo a X, y preguntó por el pintor.

Un escalofrío corrió por la columna vertebral de Héctor mientras Benjamín lo miraba con mueca de: «Y ahora, ¿qué?»

La mujer escuchó con atención lo que le decían por teléfono y arrugó la frente.

—Todavía no ha llegado a la sala —dijo la criada refunfuñando.

Héctor y Benjamín se miraron con alivio. El jefe de la tropa pensó: «Si le pido a esa fiera que nos ayude a buscar el cuadro, a lo mejor nos permite entrar en la guarida del pintor. Quizá pique, si puede vigilarnos.» Se lo propuso.

Ella accedió de mala gana y los condujo a una habitación en la que se ascendía por una escalera de caracol de peldaños de roble. La mujer subió resoplando y haciendo crujir la madera. Cuando llegó arriba, quiso saber qué cuadro «había pedido el señor».

Héctor inventó:

—Uno inacabado. —Vio que la mayoría eran de paisajes y añadió—: Uno de árboles sin hoja.

—¿Inacabado? —murmuró, y buscó por entre los que se apoyaban en la pared del fondo.

Los chicos se pusieron a registrarlo todo muy aprisa. Aquello parecía una carrera contra reloj, y realmente lo era.

«Si telefonea el pintor, se acabó lo que se daba», se dijo X mientras buscaba objetos valiosos y no encontraba más que telas con la complicada firma del dueño de la casa. Tenían el aire de grandes fotografías cubiertas de pinceladas pequeñas.

X se preguntó si utilizarían otras habitaciones como estudio o almacén, y dijo:

—No veo ese cuadro. ¿Puede andar en otra parte?

—No. El señor sólo trabaja en su estudio —repuso la criada con seguridad.

Héctor, detrás de un par de lienzos, encontró por fin una copia de pintura renacentista que parecía casi terminada. «¿Estará haciendo una falsificación?», pensó.

Sonó el teléfono. Al segundo ring la criada tomó el auricular. Era el pintor.

Ella le preguntó dónde guardaba el cuadro inacabado que había pedido.

—Ni esos chicos ni yo lo encontramos —dijo.

—¿Qué chicos? ¿Qué cuadro? —ladró la voz del señor de la casa por el auricular.

La cara de luna de la criada enrojeció de ira.

Héctor se dijo: «La que se va a armar...»

La mujer, indignada, anunció:

—Esto lo arreglo yo a guantazo limpio.

Colgó el teléfono. Agarró a Héctor por el brazo y se encaró con él:

—¿Qué queréis?

◆

Por la mente de X cruzó una idea. Se esforzó por sonreír para quitar hierro. Se rascó el cogote y dijo con un tono que pretendía ser inocente:

—Es una prenda.

—¿Una prenda? —escupió la mujerona[7] apretándole el brazo.

Sus dedos parecían garfios.

—Estamos jugando a las prendas.

Súbitamente empezó a sonar el walkie-talkie que Héctor llevaba al cinto.

La mujer, algo desconcertada, preguntó:

—¿Qué es eso?

—Es parte del juego —improvisó—. Deben de avisarnos. Ya se ha terminado el tiempo.

En realidad el teléfono sin hilos zumbaba porque el inspector Mora quería hablar con él.

—Déjame ver —exigió la criada señalando el walkie-talkie.

Héctor extrajo el aparato de la bolsa de lona roja y se lo tendió.

—¿Cómo funciona?

X se dispuso a contestar la llamada para mostrárselo:
—Diga.
Entre ecos y zumbidos se oyó la voz del inspector:
—Óyeme Héctor...
La criada le arrebató el aparato y soltó:
—Óyeme tú, cretino. Si tienes ganas de jugar a las prendas, juega con tu mamá.
El policía se picó. Estuvo a punto de identificarse y atacarla con palabras gruesas pero se contuvo y preguntó:
—¿Quién es usted?
Ella, indignada, se colocó el aparato delante de la boca para espetar:
—Parece mentira que con tu vozarrón andes jugando aún a esas memeces. ¡Parecéis borricos!
Y de mala manera dejó el artilugio sobre la mesilla.
Sin interrumpir la comunicación Héctor se lo guardó en la bolsa.
Tras unos momentos de silencio amenazador la criada empezó a recriminar a los dos muchachos a voz en grito. Les hizo bajar los escalones de dos en dos. Los echó a la calle y cerró dando un portazo.
Desde un sillón de su casa, Mora fue siguiendo la regañina por el auricular y acabó riéndose a carcajadas de lo que ocurría mientras pensaba: «Chilla como un energúmeno.»
Héctor y Benjamín se encaminaron a la pastelería para poder comunicar con el inspector desde un lugar discreto.
La pareja de guardia los recibió con un:
—Por aquí, nada raro.
X se instaló detrás del mostrador y tomó el walkie-talkie para preguntar al policía secreta:
—¿Me oye?
—Sí —le devolvió el auricular—. Quiero verte, Héctor... ¡Cuanto antes!

◆

El inspector Mora no citó a Héctor en la comisaría porque su jefe no aprobaba que se utilizaran muchachos como colaboradores, y le pidió que acudiera a su casa.
X quiso ir sin escolta. Benjamín puso cara de aceptarlo pero se dijo: «No pienso hacerle caso. Lo protegeré sin que se dé cuenta.»[8]
El barrio del inspector quedaba cerca del mercado y Héctor se acercó a pie. Las calles eran bulliciosas y de muchos comercios. En los bares se jugaba al dominó sobre mesas de mármol.
La casa era estrecha. Héctor apretó la tecla del portero automático, se identificó y la puerta se desbloqueó emitiendo un graznido. No había ascensor. El chico subió a buen paso por una escalera oscura que olía a fritura. El inspector estaba aguardándolo en el rellano de la segunda planta.

Vivía solo en un piso pequeño. Las paredes del salón estaban atestadas de libros, novelas en su mayor parte.

Antes de sentarse, el inspector preguntó:

—¿Qué quieres beber?

—Coca-cola.

—Voy por ella.

El policía calzaba zapatillas de lana a cuadros marrones y llevaba un suéter rojo de cisne. Apareció con una bandeja en la que había bebidas, vasos, hielo y dos rodajitas de limón.

Sirvió al chico lo que había pedido. Para él se preparó un cubata bien cargado. Puso una casete de rock duro. Se sentó en el sofá e inquirió:

—¿Dónde te has metido? ¿Quién diablos era esa loca que chillaba por el walkie-talkie?

Antes de responder, Héctor pensó lo que iba a decirle. Empezó por sus aventuras:

—Andábamos buscando pistas en casa de un pintor. Tuvimos que contarle una de indios a la criada, pero nos descubrió.

—Ya —exclamó el policía mientras llenaba con tabaco en hebra la cazoleta de la pipa—. ¿Es sospechoso ese elemento?

—Entre sus pinturas hemos encontrado una copia sin terminar de un cuadro antiguo.

—Interesante —observó el inspector—. Antes de salir de la comisaría, me han llegado más noticias sobre los traficantes esos. No se conforman con el contrabando. Además se dedican a falsificar. El mercado clandestino de obras de arte anda disparado. Millones y millones de pesetas mueven ya esos chorizos.

El muchacho le explicó también cómo se había introducido en el taller de muebles y acabó por asegurar:

—Allí no he visto nada raro. De momento, por el barrio, ni sombra de los de las fotos.

Héctor trataba de narrar lo que había hecho sin nombrar a los de la tropa ni darle detalles de cómo estaban colaborando para no comprometerlos con la policía.

Iba a continuar, cuando sonó el teléfono.

—Aquí Mora, dígame.

Tan pronto como le dieron la noticia, el inspector se quedó sin habla.

Tras permanecer en silencio más de un minuto tratando de asimilar lo que le decían, acertó a preguntar:

—¿Dónde han encontrado el cadáver?

Notas lingüísticas

1. **No se perdía palabra** es igual que **no se perdía ni una coma**. Quiere decir que la persona prestaba gran atención a lo que se decía, o sea, escuchaba con cuidado.
2. **Al del**. No es extraño encontrar dos contracciones juntas. En este contexto **al** se refiere al tamaño y **del** al cuadro original, o sea *al* tamaño *del* cuadro original.
3. **Por si las moscas** es una aberración cómica de la expresión **por si acaso**.
4. **A última hora** es un ejemplo de no tener que usar ningún artículo definido ni indefinido ante el adjetivo **último**. (El equivalente en inglés podría ser *late, at a late hour* o *much later*.)
5. **Procurar + infinitivo** es sinónimo a **tratar de + infinitivo** o **intentar + infinitivo**.
6. **Ya voy** como grito al que llama a la puerta de fuera es equivalente al inglés *I'm coming!*
7. **Mujerona**. El sufijo -on(-ona) aumenta el valor del sustantivo o lo desprecia. En el caso de la criada, parece que logra los dos sentidos.
8. Cualquier verbo que le siga a la expresión adverbial **sin que** siempre aparece en forma del subjuntivo.

ACTIVIDADES

A. ¿Qué sabe usted?

1. ¿Qué le dijo Susana a X acerca del pintor?
2. ¿Qué explicaciones dieron el pintor y Victoria acerca de las copias de pinturas que se hacen en los museos y las pinturas que preparan los falsificadores?
3. ¿Qué explicaciones le dieron X y F a la criada de donde vivía el pintor para poder entrar en su estudio de arte?
4. ¿Por qué pensaban X y F que iban a sufrir alguna recriminación cuando la criada hizo una llamada telefónica a la sala de arte?
5. ¿Quién llamó por teléfono a la casa donde X y F buscaban una pintura inacabada, y qué supo esa persona?

6. ¿Qué explicación inventó X para despistar a la criada?
7. ¿Cómo pudo Mora comprender todo lo que les pasó a los dos chavales cuando la criada los echó de la casa del pintor?
8. ¿Cómo fue el encuentro telefónico entre Mora y la criada?
9. ¿De qué hablaron Mora y X en la casa del inspector?
10. ¿Qué información no le quiso dar X a Mora en la casa del inspector?

B. Comentarios sobre el dibujo (página 42)
1. Haga una descripción de lo que se ve en la ilustración.
2. Explique porqué están esas tres personas en la ilustración.

C. Actividad cooperativa de conversación
1. Lo que pasa en la casa del pintor entre X, F y la criada.
2. El inspector Mora y los detalles sobre él en esta sección de lectura.
3. Lo que se sabe de las pinturas en esta sección.
4. Toda la información que hay en esta sección sobre el pintor: sus actividades, sus palabras, su aspecto físico y emotivo.

D. Ideas personales
1. Cuando vio a Susana manejando la moto, Benjamín se dijo «Esa niña es una imprudente. Cualquier día se mata». Usted también probablemente ha visto a algún amigo o amiga haciendo algo imprudente. Explique usted el caso.
2. Toni y su padre habían llegado a un acuerdo: Toni lava el coche de su padre y su padre le deja a Toni llevarse tebeos prestados a la madriguera. Este intercambio es un ejemplo de un *quid pro quo*, o sea, si usted me ayuda a mí, yo le ayudo a usted. ¿Qué tipo de *quid pro quo* ha hecho usted con sus padres o con otras personas con quienes tiene usted una relación importante?
3. Al amigo del pintor le encanta coleccionar objetos de arte. ¿Qué cosas le encanta a usted coleccionar?
4. Cuando X y F buscaban el cuadro, aquello parecía una carrera contra reloj. Ha tenido usted esa experiencia una vez de estar metido(a) en una actividad que parecía una carrera contra reloj? ¿Qué pasó? Explique usted el caso.
5. ¿Estuvo usted en una situación horrible en la que pensó «La que se va a armar»? ¿Qué pasó? Explique usted el caso.

E. Más vale pluma que espada
Escójase uno.
1. El valor de trabajar juntos en plan de cooperación cuando sea necesario hacer tal trabajo. ¿Cuáles son algunas condiciones bajo las cuales es necesario cooperar con otros para alcanzar los objetivos del trabajo? ¿Qué pasa cuando hay muchos individualistas y pocas personas que quieren cooperar?
2. Una definición de **rata de biblioteca** y las ventajas y desventajas de ser **rata de biblioteca**.

F. Más puntos culturales
1. En los centros urbanos de España la gente de negocios tiende a vestirse muy de moda.
2. La casa del pintor pertenecía a la familia desde principios del siglo. Por lo general, hay menos mobilización en España que en Estados Unidos. Los hijos heredan las casas y se quedan.
3. Cuando la criada contesta al teléfono, la voz que contestó dijo «**Dígame**». Así es la forma normal de contestar al teléfono en España. En México se dice «**Bueno**»; en Argentina, «**Aló**».
4. El juego del dominó es muy popular entre los hombres-amigos. Normalmente se juegan en los bares del barrio. La popularidad del juego es casi universal en todos los países hispanos y latinos.
5. Casi todos los apartamentos de piso modernos tienen un portero automático al lado de la puerta para comunicarse electronicamente con la gente de adentro.

5

ORIENTACIÓN INICIAL

A. Un puño de puntos claves
1. El dilema de Mora frente a los chavales
2. La aplicación de la novela *La isla del tesoro* a la vida
3. La vida secreta del inspector Mora y el Rolls-Royce
4. La discusión de los de la tropa en la madriguera sobre el caso

B. ¿Qué opina usted?
Intercambie con un compañero o una compañera sus opiniones sobre estos temas. Tome nota de sus ideas. Haga una presentación a la clase.
1. La brutalidad con la que los traficantes de contrabando tratan a la gente inocente o a otros criminales. ¿Por qué es así?
2. El valor de las lecciones que se encuentran en las obras maestras de la literatura aplicadas a la vida de uno.
3. Lo interesante de poder colaborar con la policía en un caso importante.

C. ¡Diga usted!

1. Usted es novelista y escribe libros de aventura en los que incluye algunas lecciones importantes que podrían beneficiar a los jóvenes. ¿Qué lecciones importantes pondría usted en su próxima novela?
2. Usted es profesor(a) y sus estudiantes no leen mucho o tal vez nada en absoluto. A usted le interesa estimularlos a que lean más para que aprendan las grandes lecciones de la vida, las cuales se encuentran en las novelas clásicas. ¿Qué piensa hacer usted para poder estimular más interés entre sus estudiantes para que lean más? ¿Les propondría usted un *quid pro quo*? ¿Cuál sería?

D. Puntos culturales

1. Encontrar a otro con **las manos en la masa** es el mismo concepto que se dice en inglés: *To catch someone with his hands in the cookie jar* (o *to catch him red-handed*). El concepto parece ser universal, pero con varias manifestaciones diferentes, según la sociedad que lo ejemplifica.
2. En esta lectura hay una referencia a una novela clásica. Muchas novelas clásicas se leen en traducción en español.
3. Mora le explica a Héctor que prefiere que el chico juegue al fútbol y haga deberes. Dentro del contexto, quiere decir que el adulto desea que el chico pase una vida normal de joven. Parece que ése es el deseo de todo adulto razonable hacia los jóvenes. O sea, los adultos tienen sus deberes y los jóvenes tienen otros deberes dentro de la cultura de su sociedad.
4. **Frotar el índice contra el pulgar** es el gesto para indicar dinero.
5. **Lo negaré. Será tu palabra contra la mía.** Aquí hay un ejemplo de la noción de que **mi palabra es la verdad,** o sea, Mora quiere proteger su honradez, un concepto que se valora mucho en la cultura hispana.

TEXTO

El inspector Mora se puso en pie y cruzó un par de veces la habitación mascullando palabras irrepetibles. Parecía un puma enjaulado.

Luego agarró la pipa con las dos manos y apoyó la espalda en la librería.

Héctor, hundido en un sillón, lo miraba en silencio abriendo mucho los ojos castaños y redondos.

Mora, como si hablara para sí mismo, dijo:

—Han asesinado a un policía. —Se interrumpió y prosiguió en un susurro—: También andaba tras los pasos de esos traficantes de obras de arte, y lo han matado a tiros. El cuerpo ha aparecido en una cuneta. ¡Lo que debe de haber detrás!

Mora vació su vaso de un trago. Se sirvió otro —mucho ron con poca coca-cola— y se puso a leer las notas que acostumbraba a escribir con caligrafía menuda en la libreta negra.

Héctor permanecía callado, sin quitarle los ojos de encima. «Lo toma con demasiada calma —pensó—. A buena hora iba yo a quedarme bebiendo cubatas si algo les llegara a pasar a los de la tropa...»

A los pocos minutos de buscar anotaciones en las hojillas el inspector lanzó una exclamación ahogada y dijo:

—Ayer mismo hablé con el policía que han matado. Era de la Interpol. Iba tras los pasos de esos traficantes desde hacía meses. —Apretó los labios y añadió—: Me comentó que pensaba patearse la calle Fraternidad.

X adelantó la cabeza con interés. «¡Calle Fraternidad!», se dijo.

Mora cerró los ojos. Apoyó la frente en la mano y fue recordando en voz alta:

—Sí... Dijo que algo olía a podrido en esa calle. Quizá fueran sólo sospechas suyas. Pero..., ¿y si pescó a los traficantes con las manos en la masa?, y lo mataron para taparle la boca. Esa gente es muy capaz de apretar el gatillo. Después de la droga, el suyo es el mayor negocio. —Y escupió—: ¡Doblones! ¡Doblones!

El policía clavó la mirada en Héctor y pensó: «El caso está resultando mucho más peligroso de lo que imaginaba... No puedo arriesgarme a que les pase algo a esos chavales... Sería un escándalo de mil pares de demonios.»[1]

Mora prendió el tabaco de la pipa. Se pasó la mano por el cabello, que aunque natural-natural[2] parecía escarolado a lo afro y tintado de caoba y con calma ordenó:

—Chico. Olvídate de esos traficantes y también de nuestro pacto. —Inhaló pausadamente el humo y lo soltó diciendo—: Por mí, considera saldada la cuenta.[3] Espero que no volváis a meteros en líos. —Inesperadamente tomó un libro del estante más alto. Miró al muchacho de arriba abajo y susurró—: Lo leí hace tiempo en noches de guardia, y te digo una cosa: me enseñó mucho. Fíjate en John Silver, *el Largo*. Al mismo tiempo es un asesino y el mejor amigo. —Acabó como si rezase una letanía—: ¿No es la vida buena y criminal al mismo tiempo? ¿Por qué tenía que morir ese policía?

Y le tendió *La isla del tesoro*.

Héctor hojeó el volumen pero andaba con la cabeza en otra parte: «El doctor Barba vive en la calle Fraternidad...» Estuvo a punto de decírselo a Mora pero reflexionó: «Si el pobre matasanos[4] es inocente, vaya faena voy a hacerle... Mezclarlo en un caso de asesinato, ¡y encima de uno de la Interpol!»

Decidió callarse hasta después de echar el ojo al piso en que el médico tenía consultorio y vivienda.

Mora señaló el libro y sentenció:

—Es un aprendizaje de lo que es la vida.

El chico le preguntó:

—¿Cuándo quiere que se lo devuelva?

—Te lo regalo con una condición.

—¿Cuál?

—Que lo leas.

Héctor asintió. Acarició la bolsa del teléfono sin hilos y propuso:

—Si me quedo con el walkie-talkie unos días más, podría llamarle en seguida si pasa cualquier cosa...

—Nanay —lo interrumpió cortando el aire con el canto de la mano.

Y se dijo: «Le ha tomado gusto al chisme ese.»

—Imagínese que por casualidad me cruzo con unos de esos... de las fotos... ¿Cómo podré avisarle? —El chaval hizo chasquear la lengua—: Cuando consiga hablar con usted, el pájaro habrá volado.

—Quiero que te olvides del caso. Quiero que te dediques a jugar al fútbol y a hacer deberes y ¡basta!

Héctor agrió el gesto y argumentó:

—Ya no es posible. Estoy metido en la investigación y los traficantes quizá lo sepan. —Negó con la cabeza—. No puedo irme por las buenas.[5] Es demasiado expuesto. —«Y no sólo por mí», se dijo pensando en los de la tropa—. Quiero ayudar a resolver el caso.

Discutieron durante un buen rato. Los dos andaban encastillados[6] con sus argumentos y no cedían. No querían caer de su burro. Tanto insistió X, erre que erre, que el inspector acabó por ablandarse:

—Muy bien. Muy bien. Pero voy a hacerte una advertencia: si te metes en un lío, yo no sé nada de nada. ¿Entiendes? —Señaló el walkie-talkie—. Si te cazan con el aparato encima, no se te ocurra decir que te lo he dado. Lo negaré. Será tu palabra contra la mía. —Con tono seco añadió—: Otra cosa, mañana me devuelves las fotos.

Héctor asintió con la mirada. Se levantó a pulso apoyando las manos en los brazos del sillón y dijo:

—Vale.

Mora quiso volver a los teléfonos sin hilos y, frotando índice contra pulgar, dijo:

—Esos aparatos no pertenecen a la policía. Los compré yo, con mi dinerito, ¿estamos? Si pasa algo, no llevan número de identificación y nadie conseguirá comprometerme en nada.

Héctor pensó con alivio: «Menos mal que lo he convencido. Con el walkie-talkie podré pedirle ayuda si...»

Mora continuó:

—Cuando me llames, empieza por pronunciar una palabra en clave. Si no la dices, entenderé que estás con mala compañía y no contestaré para no dar tiempo de calcular mi posición, ¿estamos?

El chico afirmó con la cabeza.

El inspector preguntó:

—¿Qué contraseña quieres usar?

—DOHFAX —repuso sin pensar.

Era la palabra resultante de unir los nombres de guerra de los seis miembros de la tropa. Desde la D de Toni a la X de Héctor.

—¿Por qué DOFAX? —preguntó el policía secreta, tras tomar nota en su libretilla, sin sospechar que al escribir la palabra se había comido la letra de la bomba H.[7]

El muchacho se sonrió y se salió por la tangente:

—No sé... Se me ha ocurrido.

El inspector miró su reloj de pulsera de oro macizo y dijo:

—Tengo que irme. Han matado a un policía. —La cara se le congestionó. Los ojos le adquirieron un brillo vidrioso y con voz ronca—: Esta vez se han pasado de la raya.

Cuando Héctor y el inspector Mora salieron del portal de la casa, había anochecido ya y el frío empezaba a apretar. Benjamín rondaba la calle juguetando con un mechero de gas y, tan pronto como los vio aparecer, se sacó del bolsillo el espejito redondo e hizo reflejar tres veces la llama en él.

Era la señal. La bomba H vio los destellos y se acercó a toda prisa en moto. Llevaba dos auriculares conectados a su grupo favorito. La chica tenía ideas fijas, en música y en lo demás.

X y el policía anduvieron juntos unos minutos y se separaron en la esquina. Héctor se metió en una tienda de alimentación en la que se anunciaban tiras de chucherías y, sin perder de vista al inspector, compró una bolsa de pipas.

Una vez el inspector Mora se hubo convertido en mancha del color hueso de su gabardina de corte casi militar, Héctor se dijo: «Ese poli tenía demasiado interés en que de repente le devolviera el walkie-talkie» y se puso a seguirlo.

La bomba H, que iba detrás, se subió a la acera en moto y, conduciendo con una sola mano, dio un silbido sordo y característico.

X se volvió y, sin detenerse, la llamó con un gesto. En cuanto la tuvo cerca, dijo:

—Cuidado... Voy tras los pasos del inspector. Desconfío de él.

Ella le preguntó:

—¿No estás helado? Ese jersey es muy finito.

Sección 5

X llevaba un suéter color crema que abrigaba poco.
—¡Qué va! Estoy sudando —repuso el chico. Y añadió—: Síguelo tú también entre el tráfico... Si lo pierdo, no lo dejes.

Antes de regresar a la calzada, la chica dijo:
—En la sala de arte, el pintamonas ese sólo ha hablado con la encargada y con un amigo que ha ido a verlo y no le ha comprado ni un cuadro.

«Vaya fantasma[8]», se dijo X al acordarse del coleccionista de pacotilla.

Susana dio un giro en redondo. Señaló el libro que llevaba Héctor en la mano. «Ya me lo dejarás. Me encantan las aventuras de piratas», aseguró. Y de un brinco hizo bajar la máquina de la acera.

X aceleró el paso para no perder de vista al policía.

El inspector Mora caminó a buen ritmo hasta una calle mal iluminada en que le estaba esperando un Rolls-Royce negro y reluciente. Cuando el policía secreta se acercó al automóvil, el chófer descendió... Y Héctor y la bomba H se quedaron atónitos ante lo que presenciaron.

◆

El chófer del cochazo abrió la portezuela de atrás y con ademán respetuoso esperó a que el inspector Mora se sentara para volver a cerrarla con suavidad.

Héctor se preguntó:

«¿Desde cuándo van los polis en Rolls? ¿Desde cuándo tienen chóferes con uniforme y gorra de plato? ¿Adónde irá Mora? ¿A cazar a los asesinos de su compañero...[9] o a lo suyo? —Se dio unos golpecitos en la nariz aguileña y se dijo—: X, aquí hay gato encerrado.»[10]

La bomba H aprovechó que la calle era de buena pendiente para dejar que su máquina avanzara a motor parado y, sin hacer apenas ruido, se acercó a la isla de sombras en que se había ocultado el chaval. Lo llamó chistando y le puso la mano en el hombro:
—Será fresco ese poli —susurró la chica mientras señalaba el coche en que se había instalado el secreta.
—Intenta seguirlo —repuso X.

El Rolls había dado media vuelta tras meter el morro en la entrada de vehículos de un almacén. Susana puso la moto en marcha y se metió entre una ráfaga del tráfico.

El semáforo pasó del verde al anaranjado. El chófer del Rolls aceleró y lo salvó. Los dos taxis que iban delante de la bomba H empezaron a frenar con suavidad, pero ella los adelantó. Comprobó que nadie iba a cruzar y se saltó el disco en rojo.

Héctor se llevó las manos a la cabeza. «No debía haberle dicho que lo siguiera... Es demasiado peligroso.» Y sin saber por qué se puso a correr a toda velocidad tras ella.

Un motorista de la guardia municipal que andaba oculto, y había observado a la chica, se dijo: «Te cacé.» Y salió en su persecución emitiendo zumbidos y destellos azulados.

La bomba H se volvió y miró con el rabillo del ojo la máquina japonesa de muchos centímetros cúbicos. Delante, el Rolls estaba iniciando un giro hacia la derecha y la chica ni corta ni perezosa[11] se metió por entre dos coches estacionados y subió a la acera para volver a la calzada de la otra calle, a poca distancia del lujoso automóvil en que iba repantigado el inspector Mora.

Al oír la sirena, Mora ordenó el chófer:

—Da gas y salgamos de aquí, no quiero meterme en líos.

El municipal[12] logró seguir por la acera una trayectoria más o menos paralela a la de la chica, pero no encontró hueco suficiente entre los coches estacionados para descender de nuevo a la calzada.

La bomba H vio cómo se escabullía el Rolls a una velocidad que no podía soñar en alcanzar, y decidió tratar de librarse del guardia que había avanzado entre los sorprendidos transeúntes hasta encontrar un vado y volver por ella.

Susana enfiló un pasaje estrecho en que había alineados contenedores de basura e hizo un eslálom sorteándolos sin apenas reducir la velocidad. El motorista la siguió y logró salvar uno, dos, tres obstáculos. Pero el cuarto estaba demasiado cerca. Chocó derribándolo con estrépito y aterrizó entre un montón de inmundicias que olían a pescado podrido.

Héctor fue el último en llegar a la madriguera. Tan pronto como había visto que la bomba H conseguía desembarazarse del guardia municipal, se dijo: «¡Olé! ¡Qué tía!» y regresó a paso ligero. Llegó al sótano cuando la chica andaba ya contando su hazaña con pelos y señales.

Los de la tropa la estaban acribillando a preguntas mientras ella decía:

—En cuanto lo he visto por los suelos he escapado de allí metiéndome en callejones por si daba la alarma por radio. Los motoristas se las saben todas.

—Tú sí que te las sabes todas —afirmó Héctor al aparecer en la madriguera.

La bomba H lo miró con satisfacción y ojos brillantes.

Cuando terminaron de hablar de los acontecimientos de la tarde, el hijo del librero propuso:

—Luis podría quedarse a dormir en casa.

Desde que murieron sus padres Toni solía invitarlo con la excusa de que le gustaba leer tebeos.

Isabel y Luis enumeraron lo que habían visto desde su puesto de observación de la pastelería —nada nuevo—, y luego el muchacho se fue a telefonear con idea de pedir permiso a su tía para pasar la noche en casa de Toni, cosa que solía concederle.

Héctor, sentado en el borde del futbolín, empezó a hacer un resumen de la situación:

—Primera cosa rara. —Se puso a contar con los dedos—: El tipo delgado con barba larga que quería comprar sillas antiguas en la tienda de muebles para restaurarlas. Por cierto, que detrás hay un taller que se las trae...

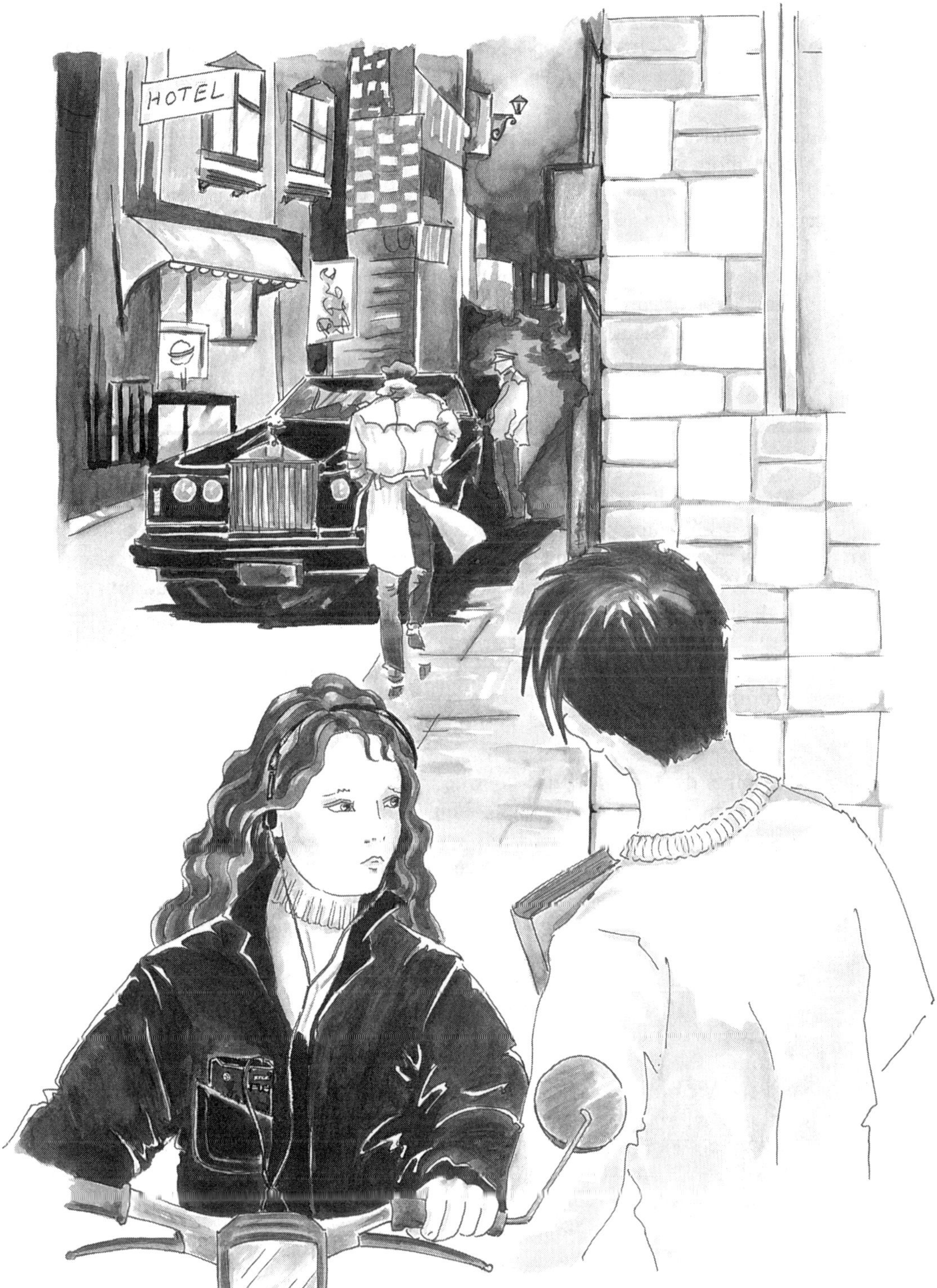
HOTEL

Benjamín andaba ordenando los petardos de una traca hundido en los almohadones y apostilló:

—Hay mucho vivo suelto que se dedica a hacer cambios a los muebles para que parezcan antiguos. Los ensucian, les dan golpes, los queman un poco, agujeros... Y, ¡hala! A cobrar como si fuesen del año de la nana.

Toni se desternillaba de risa con las salidas del pequeño del grupo. Lo miró con aire de chunga y le preguntó:

—Y tú, ¿cómo lo sabes?

—No es lo mismo ser canijo que ser tonto.

X los interrumpió:

—Más cosas. —Disparó el segundo dedo—: La copia de un cuadro antiguo que hemos encontrado en casa del pintor.

—Por ahí, por ahí —exclamó Benjamín—. Era lo único potable entre todos sus cuadros. ¡Vaya birrias!

—Y encima lo hemos pescado hablando de falsificaciones en la librería —dijo Toni mientras toqueteaba sus gafas de miope y ponía los ojos en blanco.

—El pintamonas ese vive en una casaza y tiene criada, pero no vende muchos cuadros. —La bomba H se pasó la mano por el cabello con coquetería y añadió—: Esta tarde su exposición estaba vacía. Entré a curiosear y sólo tenía un par de cuadros con el puntito rojo. —Puso mueca irónica—. Los habrá comprado él mismo.

—¿De dónde sacará tanto dinerillo? —preguntó el hijo del librero.

Héctor hizo girar las barras del futbolín y dijo:

—Parece que no os cae bien el pintor.

—Tiene pinta de falso —repuso la chica.

—Más que de falso, de alcornoque —opinó Toni que estaba apilando los tebeos que iba a devolver a la librería.

—¿Por qué de alcornoque? —preguntó Benjamín.

—Porque se pasa la vida comprando revistas caras para intentar ligarse a Victoria.

Al oír hablar de la dependienta, Héctor se puso en guardia aunque trató de disimularlo.

—¿Y qué? —replicó el pequeño del grupo.

—Tiene novio, ¿te enteras?

Aunque X sabía ya la respuesta, con aparente indiferencia, preguntó:

—¿Lo conoces?

—No. Pero Victoria me ha hablado de él más de una vez. —Hizo un guiño y aseguró—: En cuanto falta media hora para cerrar, ya empieza a pintarse. Sale hecha un bombón[13] y no se entretiene nunca. La debe de andar esperando.

—Bueno, ¿y qué? —exclamó Benjamín—. ¿Qué nos importa si conocemos o no al noviete?[14]

A Héctor le importaba mucho. «Por lo menos, conocer a la competencia», se dijo. Pero hizo de tripas corazón y prosiguió:

—Hay más: han asesinado a uno de la Interpol que seguía una pista en la calle Fraternidad... La calle del doctor Barba. Y el médico también anda entre los aficionados a las revistas de arte.

Toni se dio un puñetazo en la palma de la mano y dijo:

—Caliente, caliente. ¡Te quemas!

Héctor disparó con fuerza la bola del futbolín y metió gol haciendo cloc. Luego entrecerró los ojos y bajó la voz:

—Además está Mora: el pájaro se entera de que han matado al otro poli y dice que hará mucho, pero va y se toma otro cubata. Y se monta en un Rolls con chófer.

Toni se rascó el cogote, frunció los labios y dijo con preocupación:

—Estamos ayudando a ese poli, ¿no? —Silbó y murmuró—: ¡Estamos listos!

Notas lingüísticas

1. **Un escándalo de mil pares de demonios** es un ejemplo de hipérbole.
2. **Natural-natural.** La repetición de la palabra refuerza el impacto del concepto.
3. **Saldada la cuenta.** Mora acude a un término de la banca para reforzar un concepto.
4. **El matasanos** es un término despectivo para referirse a un médico mediocre o malo.
5. **Irme por las buenas** es una expresión idiomática para indicar hacer algo por buena voluntad.
6. **Encastillados.** El mismo concepto que en inglés es expresado con *dug in inside their castle* o *entrenched*.
7. **Se había comido la letra de la bomba H.** No se pronuncia la letra H, y por eso no se oye.
8. **Vaya fantasma,** o sea, *shades of the collector*. Aquí la referencia al fantasma tiene un efecto como la palabra inglesa *shades*; las dos se refieren a una cosa oscura o siniestra.
9. **Compañero** se refiere al policía que fue asesinado.
10. **Aquí hay gato encerrado** es una expresión idiomática que tiene por equivalencia en inglés *there's something fishy here*.
11. **Ni corto ni perezoso** es otra expresión idiomática que significa que uno no tiene que pensar dos veces para saber qué hacer en una situación urgente.
12. **El municipal** se refiere al policía o motorista municipal.

13. **Estar hecha un bombón** es una expresión popular en España cuando el joven tiene una idea muy positiva de cómo es una chica.
14. **Noviete/novieta** se usa para *boyfriend/girlfriend* cuando la relación se basa sólo en la amistad y no en el matrimonio.

ACTIVIDADES

A. ¿Qué sabe usted?
1. Según Mora, ¿cuáles son los primeros dos negocios ilegales?
2. ¿Por qué le dijo Mora a X que se olvidara del pacto que los dos hicieron?
3. ¿Cómo se llama el libro clásico que Mora le dio a X?
4. ¿Qué le dice Mora a X sobre la conexión que el policía tiene con X si le cazan con el walkie-talkie encima?
5. ¿Por qué escribió mal Mora la contraseña de la tropa?
6. ¿Qué vieron X y la bomba H cuando le seguían a Mora por la calle de noche?
7. ¿Por qué persiguió a Susana un motorista?
8. ¿Cómo se salvó Susana del poli que la perseguía?
9. ¿Qué hacen los traficantes con los muebles para que parezcan antiguos?
10. ¿Qué hace la dependienta, Victoria, media hora antes de cerrar la librería y por qué?

B. Comentarios sobre el dibujo (página 57)
1. Haga una descripción de lo que se ve en la ilustración.
2. Explique dónde van las personas que se ven en la ilustración.

C. Actividad cooperativa de conversación
1. Las acciones y la conversación de Mora en esta sección.
2. Lo que Héctor dijo e hizo en casa de Mora.
3. La intervención de la bomba H.
4. Detalles acerca de lo que comentaron los de la tropa en la madriguera.

D. Ideas personales

1. La bomba H tiene ideas fijas. ¿Y usted? ¿Cuáles son algunas ideas suyas que realmente son fijas y no flexibles?
2. Mora dice que si les pasara algo a los chavales, sería **un escándalo de mil pares de demonios,** lo cual significa una catástrofe. Ha experimentado usted personalmente un escándalo de mil pares de demonios? ¿Qué pasó? Explique usted el caso.
3. Mora le explica a X que John Silver es, al mismo tiempo, un asesino y el mejor amigo, que la vida es buena y criminal al mismo tiempo. ¿Cómo ve usted la vida? ¿Igual? ¿Diferente?
4. Ni Mora ni X querían **caer de su burro.** O sea, no querían perder su lado del argumento. ¿Cuándo no ha querido usted caer de su burro? Explique usted el caso.
5. Conoce usted a alguien que tenga la tendencia, de **salirse por la tangente**? ¿Cuándo? ¿Cómo? ¿Por qué?

E. Más vale pluma que espada

Escójase uno.

1. El caso de John Silver, *el Largo,* refleja una vida que es buena y criminal al mismo tiempo. La novela, *La isla del tesoro*, nos ayuda a aprender lo que es la vida. Comente usted.
2. Explique lo que significa el comentario de Benjamín cuando dijo «**No es lo mismo ser canijo que ser tonto**».

F. Más puntos culturales

1. **Héctor se da unos golpecitos en la nariz.** Este es otro gesto paralingüístico que significa que uno sospecha algo malo.
2. **El disco en rojo** se refiere al semáforo de tráfico. Casi todas las sociedades modernas del mundo han adoptado el semáforo con los tres discos de verde, amarillo y rojo.
3. **Palabras irrepetibles** significa que hay un código cultural que divide los vocablos entre buenos y malos o decentes e indecentes.
4. **Yo no sé nada de nada.** Es un ejemplo de cómo uno puede absolverse de cierta responsabilidad. Muchas veces los que trabajan dentro de la burocracia utilizan ese concepto para que no tengan que ser responsables de tomar decisiones.

6

ORIENTACIÓN INICIAL

A. Un puño de puntos claves
1. La relación cariñosa que existe entre Héctor y sus abuelos
2. Las actividades de los muchachos después de su llegada a la madriguera
3. Las maniobras que hizo Héctor para introducirse en la casa del médico
4. Las ideas y los planes de Héctor los cuales revelan su habilidad de ser un líder natural

B. ¿Qué opina usted?
Intercambie con un compañero o una compañera sus opiniones sobre estos temas. Tome nota de sus ideas. Haga una presentación a la clase.
1. A veces es necesario ser muy astuto para despistar a los demás. ¿Cuáles son algunas tácticas que se pueden emplear para lograrlo?

2. Cuando un chico se encariña con una chica, o el inverso, se inventan varias estrategias y señales sutiles para mostrar los sentimientos afectuosos. ¿Cuáles son algunas técnicas buenas para mandar señales de interés y de cariño hacia la otra persona?
3. La diferencia entre el enamoramiento loco y el amor verdadero.
4. En la vida se ven varios sucesos escalofriantes. En la opinión de usted, ¿qué tipo de suceso es muy escalofriante?

C. ¡Diga usted!

1. A usted le toca asegurar su casa con un sistema de protección, o sea, un sistema de seguridad contra intrusiones. ¿Qué tipo de sistema instalaría usted para alcanzar un alto nivel de seguridad?
2. Un amigo o amiga le pide a usted que le ayude a escribir una carta anónima a una amiga o amigo porque quiere empezar una relación amorosa y no sabe exactamente qué expresar en su anónimo. ¿Qué incluiría usted en su carta?

D. Puntos culturales

1. El reunirse todos los miembros de la familia para la comida o para cenar es importante en la sociedad hispánica.
2. Los pasteles de España tienden a ser más dulces y más jugosos porque contienen más jarabe que los postres de los Estados Unidos.
3. La vajilla, los platos que se utilizan para comer, tienden a ser pintados de colores muy atractivos.
4. Coleccionar sellos o monedas es un pasatiempo popular en España.

TEXTO

Héctor llegó tarde a cenar. De nuevo se encontró con que[1] el primer plato estaba servido. El abuelo lo recibió con una mirada severa por encima del periódico.

La abuela vivía pensando en los fines de semana que tenía al nieto en casa, y lo hizo pasar al comedor:

—A la mesa... Lo bien que te lo pasas en el barrio, ¿eh? Vuelan las horas sin darte cuenta, ¿verdad?

La buena mujer señaló un sobre abultado que estaba sobre una mesilla baja de mármol. Había llegado aquella tarde por correo a nombre de Héctor.

—Ábrelo luego —susurró—, se van a enfriar los espaguetis.

A Héctor le encantaba la comida italiana. También le gustaba y mucho el chocolate.

De postre le esperaba un pastel redondo con un piso de nata y dos de trufa.

El muchacho hizo los honores a la cena,[2] pero no pudo apartar los ojos del sobre. «¿Contendrá una bomba? —pensó—. ¿Me habrán descubierto los traficantes esos?»

Mientras servía el postre en los platillos de vivo dorado, la abuela preguntó al muchacho:

—La semana que viene, ¿volverás?

—No... Tengo que ir a la finca —repuso de mala gana.

El padre de Héctor estaba enriqueciéndose con el comercio al por mayor de fruta y había comprado una gran propiedad de regadío. El muchacho consideraba que la ascensión económica de la familia le estaba trayendo de momento dos consecuencias desagradables: cambiar de colegio para ir a uno de postín en que era considerado como un cuerpo extraño y, por añadidura, tener que pasar muchos fines de semana lejos de la tropa y la madriguera acompañando a sus padres en la casa de campo. Allí no había nadie de su edad. «Todos son mayores y no hablan de otra cosa que de negocios —solía repetirse el chico—. Ser hijo único es una paliza. Si tuviera hermanos...»

Después de cenar el abuelo mostró a Héctor los dos últimos sellos de su colección. Parecían muy antiguos, pero el muchacho sólo pensaba en el sobre y en lo que tenía que hacer de madrugada en casa del doctor Barba, en la calle Fraternidad.

X y Benjamín habían quedado en encontrarse en la madriguera para ir a investigar a casa del médico.

Ni la familia del pequeño del grupo ni la de Héctor los dejaban salir de noche, pero los muchachos tenían un plan.

Héctor aseguró que estaba «muerto de sueño». Tomó el sobre y se fue a su habitación.

Se puso el pijama.³ Se metió en cama y se hizo el dormido⁴ hasta que apareció la abuela sin hacer apenas ruido para arreglarle el embozo de la sábana y darle un beso.

La puerta del dormitorio volvió a cerrarse y se oyó en el pasillo:

—Duerme como un angelito. Está rendido. No me extraña. No para en todo el día.

X esperó unos minutos. Se levantó. Guardó el sobre en la bolsa del walkie-talkie y se vistió. Abrió la ventana con mucho cuidado. Se descolgó hasta el callejón de la puerta falsa, y se metió en la madriguera por el pasadizo descendente.

Ya era medianoche. El chico quería abrir el sobre antes que llegara Benjamín.

Tomó una plancha de acero algo oxidada y consiguió mantenerla en posición vertical insertándola en una ranura del suelo. Se tumbó detrás del improvisado escudo —para protegerse si se producía una explosión— y puso el sobre sospechoso al otro lado.

Abrazó la plancha y sin mirar empezó a abrirlo mientras se decía: «Si hace boom, por lo menos salvaré la cara.»

No hizo boom ni ningún otro ruido. El contenido se limitaba a una cajita perfumada y un anónimo.

X devoró la nota sin firmar.⁵ Estaba mecanografiada en una cuartilla de color crema y rezaba:

Querido Héctor:
Me encantas. De momento, no quiero decirte quién soy. Sólo quiero pedirte una cosa: si vas por alguna chica, ponte en el suéter el león de la cajita. Así lo sabré. A lo mejor hay suerte y vas por mí. ¡Ojalá! Un beso.

Héctor abrió la pequeña caja perfumada de cartón y extrajo un león dorado.

El muchacho se puso a juguetear con la figurilla de metal, que llevaba imperdible, mientras se decía: «Ese perfume parece el de Victoria.»

Al pensar en la dependienta de la librería notó que se le aceleraba el pulso. «Victoria trabaja con el padre de Toni y conoce la dirección de mis abuelos... —Siguió cavilando—. ¡Claro!, el abuelo suele comprar allí el periódico.»

X dio un par de saltos de júbilo y se repitió: «Debe de ser ella...⁶ Debe de ser ella. —Luego, continuó con sus reflexiones—: Al tener novio, no se habrá atrevido a firmar la carta... Además, debe de tener miedo de que Toni se entere y le tome el pelo.»⁷

Se oyó ruido en la puerta falsa. «Ya está aquí Benjamín», pensó.

Y se guardó anónimo y león en el bolsillo de los tejanos.

En seguida empezaron a retumbar unos pasos en el pasadizo descendente. Luego otros y otros y...

Héctor se alarmó.

◆

El primero en aparecer fue Benjamín. Lo seguían Luis e Isabel cogidos de la mano. Luego entró la bomba H y por último Toni, que se había vestido de oscuro y llevaba un gorro de punto negro.

Antes que Héctor pudiese abrir la boca para objetar: «Habíamos quedado que sólo Benjamín y yo saldríamos esta noche...», el pequeño del grupo dijo:

—Lo siento, X. La cosa es demasiado peligrosa y todos han querido participar. —Se encogió de hombros—. Hemos pensado que merece la pena vigilar bien mientras intentas meterte en casa del matasanos.

—Una pareja en cada extremo de la calle y yo en el centro —precisó Toni.

X sonrió con aire de pícaro y quiso saber:

—¿Os habéis escapado de casa?

—Sí —repuso Benjamín—. Pero hemos seguido las reglas. Nos hemos metido en cama para despistar y luego...

—De acuerdo. De acuerdo. —Héctor extendió el plano bajo la lámpara de barco y señaló un punto en la calle Fraternidad—: El doctor Barba vive en el último piso.[8] Voy a subirme al tejado para ver si hay alguna ventana entreabierta en su casa. Quizá la de la cocina...

Los muchachos estudiaron la ruta que iban a seguir hasta llegar al objetivo y las posibles vías de escape por si se presentaban imprevistos.[9]

En cuanto llegaron a un acuerdo, X descolgó del techo lo que llamaba «la ropa de combate» y se puso encima de los tejanos unos pantalones negros, con varias cremalleras, que parecían de aviador. En uno de aquellos enormes bolsillos introdujo el walkie-talkie.

Completaba su equipo el suéter también oscuro con capucha y una inscripción en el pecho —DOHFAX— que le había cosido la abuela sin preguntar el significado.

Aquella noche todos iban con el DOHFAX en algún lado. Toni en el gorro, Isabel en los guantes de lana, Benjamín en la bolsa que llevaba a la espalda con su pequeño arsenal. La bomba H había pegado el suyo con adhesivo a un hombro de la cazadora.

Antes de salir a la calle, X advirtió:

—Si pasa algo, hay que dispersarse. ¡Cada uno a su casa! —E insistió—: Si pasa algo, no se os ocurra volver a la madriguera. Podrían seguir a uno hasta aquí y luego cazarnos a todos como conejos.

Ya llegaban a la calle Fraternidad cuando Luis, tras consultar con Isabel, dijo:

—Esperadme aquí. Voy a echar el ojo. Quizá haya policía. —Miró a Héctor y en un murmullo—: Antes has dicho que ese de la Interpol que han matado andaba buscando algo por aquí, ¿verdad?

Héctor asintió con la cabeza. «Bien pensado», se dijo.

Como si fuese una avanzadilla, Luis se adelantó unos metros hasta asomar la cabeza por la esquina. Y lo vio.

Lo vio. El coche de la patrulla andaba estacionado a una manzana de distancia. Dos agentes permanecían dentro.

Luis se dijo: «Menos mal que[10] no se les ha ocurrido pararse enfrente de la casa del doctor.» Y volvió con la noticia.

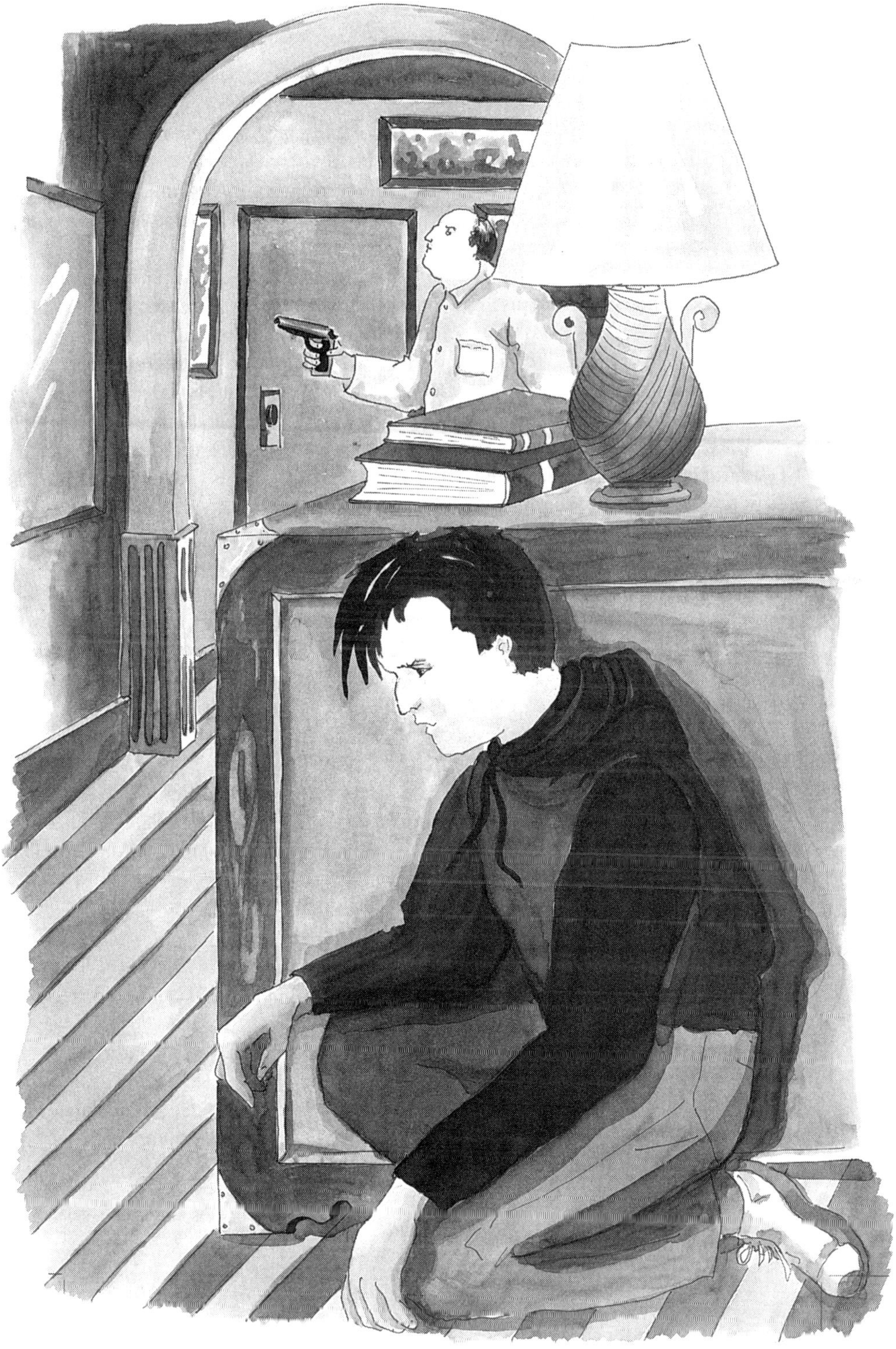

En voz muy baja los muchachos decidieron modificar los puestos de vigilancia y situarse fuera del campo de visión de los policías.

Héctor examinó las fachadas de las casas próximas a la del médico. Resolvió trepar por una que estaba en la oscuridad y no era visible desde el automóvil de la policía.

Se puso los guantes negros.

Su ropa lo ayudó a confundirse con la noche mientras ascendía de balcón en balcón hasta encaramarse a la cornisa y asentar el pie en el techo del tercer y último piso.

Mientras iba escalando no podía quitarse de la cabeza al inspector Mora y se fue haciendo muchas preguntas: «¿Será de veras un poli? ¿Se habrá inventado toda la historia de los traficantes de obras de arte? ¿Estará también en el ajo?[11] ¿Será cierto que han matado al de la Interpol?» Saltó de azotea en azotea hasta llegar a la del médico. Allí se puso a mirar hacia abajo y se fijó en la luz apagada de la alarma.

Las ventanas que daban a la calle permanecían cerradas. Más tarde comprobó con decepción que las de atrás también lo estaban.

El muchacho empezaba a dudar de conseguir introducirse[12] en casa del doctor cuando vio que en el centro de la cubierta llana había un patio que daba ventilación a los pisos. Miró hacia abajo y esta vez descubrió una ventana pequeña de cristal esmerilado que se hallaba entornada. «¿Tendrán conectada la alarma?», se preguntó.

X abrió un poco más la ventana con el pie e introdujo la punta por comprobar si se disparaba alguna sirena.

No se disparó. Y el chico se descolgó hasta introducirse en un pequeño cuarto de baño. Encendió el mechero que llevaba en uno de los bolsillos de cremallera del pantalón e, intentando no tropezar, avanzó de puntillas por el corredor hasta una habitación que resultó ser la sala de espera de la consulta del médico. X tragó saliva y se arriesgó a cruzar otra puerta. Era la biblioteca.

Fue avanzando despacio hasta que de repente notó un dedo helado que le tocaba el cogote.

Héctor tuvo un escalofrío y se quedó inmóvil de puro susto. El corazón le empezó a latir a la desesperada.

El muchacho se temió recibir un tiro, un golpe, algo malo; pero nada se movió detrás de él.

Aguardó durante un espacio de tiempo que le pareció muy largo, aunque sólo fuera de unos instantes, y por fin inspiró a fondo y se atrevió a volverse.

Lo que había tocado era el dedo de un esqueleto blanco y enorme.

Notas lingüísticas

1. **Con que.** Hay una elisión de información que se sobreentiende: por ejemplo, **con (la situación) que...**.
2. **El muchacho hizo los honores a la cena** significa que al muchacho le gustó mucho la comida y se la comió con gran placer o delectación.
3. **Pijama.** En México se pronuncia la palabra **piyama** y en España, **pijama**.
4. **Hacerse el dormido.** Hay varias expresiones en las que se emplea el verbo **hacerse** para indicar el fingir algo: **hacerse el tonto** (*to play dumb*), **hacerse el grande** (*to play the big shot*).
5. **La nota sin firmar.** En español la estructura **sin + infinitivo** tiene el mismo valor que en inglés el prefijo **un + adjetivo** formado del participio pasado de cualquier verbo apropiado. Por ejemplo: **la nota sin firmar** (*unsigned note*), **la película sin censurar** (*uncensored film*), **una carta sin abrir** (*an unopened letter*).
6. **Debe de ser ella** no es igual que **deber ser ella**. La primera estructura refleja que probablemente es el caso. La segunda expresa cierta obligación de que es el caso.
7. **Tomarle el pelo a uno** es la expresión común en español para expresar la idea de hacerle algo en broma a otra persona.
8. **Piso** en España es **apartamento** en México.
9. **Por si se presentaban imprevistos.** Hoy día hay fuerzas lingüísticas dentro del pueblo hispano o latino para intercambiar el imperfecto del indicativo y el imperfecto del subjuntivo. Cuando antes se habría dicho más comúnmente **por si se presentaran imprevistos**, la tendencia de hoy día es usar la otra forma verbal. Sin embargo, los dos se consideran correctos.
10. **Menos mal que** significa *thank heavens* o *thank goodness*.
11. **Estar en el ajo** implica estar enterado de la situación, formar parte de un grupo que comparte cierta información secreta.
12. **Empezaba a dudar de conseguir introducirse.** Este es un ejemplo de cómo juntar cuatro verbos seguidos.

ACTIVIDADES

A. ¿Qué sabe usted?
1. ¿Qué tipo de comida le encanta a X?
2. ¿Qué tiene que hacer X la semana próxima?
3. ¿Cuáles son algunos aspectos negativos, según Héctor, de la nueva condición económica de su familia?
4. ¿Qué tipo de disimulo hizo X en su habitación cuando vino la abuela a arreglarle el embozo?
5. ¿Qué medidas de precaución tomó X cuando abría el paquete?
6. ¿Qué descubrió X en el paquete?
7. ¿Cómo cambiaron, por su cuenta, el plan de investigación los otros muchachos, y cómo se lo anunciaron a X?
8. ¿Cómo se vistieron los chavales para hacer su investigación?
9. ¿Qué parte del plan de acción fue la que le tocó a X?
10. ¿Qué le pasó a X mientras iba investigando en la casa del médico?

B. Comentarios sobre el dibujo (página 67)
1. Haga una descripción de lo que se ve en la ilustración.
2. Explique lo que le pasa a X en la ilustración.

C. Actividad cooperativa de conversación
1. Lo que le pasó a X en la casa de los abuelos y en la madriguera.
2. El plan de los chavales y lo que hicieron de noche.
3. Lo que hizo X cuando estaba en la calle y en la casa del médico.
4. Las ideas en las que pensó X, que afectaban sus decisiones.

D. Ideas personales
1. ¿Qué costumbre tenía usted en su familia para la hora de cenar? ¿Era necesario que todos los miembros de su familia se presentaran a cenar juntos? ¿Cómo es la práctica hoy día?
2. A Héctor le encanta la comida italiana y especialmente los espaguetis. ¿Qué comida le encanta comer a usted? ¿Por qué?
3. A Héctor no le gustó cambiar de colegio o vivir lejos de sus amigos. ¿Tuvo usted que hacer algo semejante alguna vez? ¿Cómo se sintió usted? Explique el caso.

Sección 6   71

4. Héctor se hizo el dormido. El quiso fingir que dormía. ¿A usted le ha tocado hacerse el dormido? ¿Cuándo? Explique.
5. Alguien le envió a Héctor un regalo y un anónimo. ¿A quién le envió usted un anónimo o quién le mandó a usted uno? ¿Por qué?
6. Parece que Héctor siente un enamoramiento loco hacia Victoria. Claro, antes de que uno llegue a enamorarse de alguien, se puede creer locamente enamorado(a) de esa persona. ¿Estuvo usted enamorado(a) locamente de alguien una vez, sin que se enamorara verdaderamente de esa persona después?
7. Los de la tropa salen de noche para investigar la casa del doctor Barba. Ha ido usted con sus amigos alguna vez a investigar algo extraño o misterioso? ¿Qué fue? ¿Por qué? Explique.
8. Héctor se encontró en una situación escalofriante cuando le tocó el esqueleto. ¿Tuvo usted una vez una experiencia escalofriante? Explique el caso.

E. Más vale pluma que espada
Escójase uno.
1. Lo impulsivo versus el valor de hacer planes antes de emprender alguna actividad importante y complicada.
2. Cómo pasar el tiempo de ocio de forma constructiva y educativa. Por ejemplo, un pasatiempo interesantísimo o deporte.

F. Más puntos culturales
1. Los hijos de familia hispana normalmente tienen que respetar las reglas de la familia, como, por ejemplo, no salirse de casa después de cenar. La cena por lo general es a las 21:00 horas o aun más tarde.
2. El sistema de correos funciona muy bien en España. A veces hay más demora de cartas allá que en los Estados Unidos. Sin embargo, es un servicio bien eficiente. En otros países latinos las demoras tienden a ser más largas y a veces la eficiencia del servicio no es evidente.
3. El pantalón estilo tejano es popularísimo en España y en Latinoamérica. Todos los jóvenes llevan tejanos.
4. El hecho de que los chavales sigan las reglas de la tropa es un buen ejemplo que se notará en casi toda empresa hispana o latina: los miembros tienen un espíritu de cooperación mutua.

7

ORIENTACIÓN INICIAL

A. Un puño de puntos claves
1. Las actividades individuales que hacen los otros chavales para apoyar a Héctor
2. El escape de Héctor de la casa del doctor
3. La visita de Héctor para ver a Victoria en la librería
4. El peligro que Héctor encuentra en el almacén de muebles

B. ¿Qué opina usted?
Intercambie con un compañero o una compañera sus opiniones sobre estos temas. Tome nota de sus ideas. Haga una presentación a la clase.
1. Comente sobre las actividades de la policía cuando vigilan las vecindades.
2. El orgullo que sienten los jóvenes cuando alcanzan sus objetivos con éxito.
3. Los reglamentos en contra de usar petardos en ciertas áreas del país. ¿Son buenos o malos estos reglamentos?

C. ¡Diga usted!

1. Su mejor amigo está atrapado en un edificio y otros delincuentes están a punto de entrar a aprehenderlo. Usted tiene sólo pocos momentos para pensar en alguna estrategia para despistarlos, así dándole a su amigo tiempo para escapar. ¿Qué haría usted? Piense usted en dos maniobras para despistar o confundir a esas personas de malas intenciones.
2. Vamos a suponer que usted es abuelo o abuela y ahora es momento de dar a su nieto una lección o consejo sobre cómo portarse, ya que recientemente ése ha hecho algunas cosas indebidas como, por ejemplo, entrar en una propiedad ajena sin permiso. ¿Qué lección o consejo le dará a su nieto para que aprenda a comportarse mejor?

D. Puntos culturales

1. Muchas casas de la clase media tienen recibidor, sala de estar, comedor, cocina, corredor, dormitorios, terraza, etc., o sea, la arquitectura de muchos pisos o apartamentos es semejante a las casas y los apartamentos en los Estados Unidos.
2. En los centros urbanos, la construcción de los edificios de apartamentos o pisos se hace de tal forma que es fácil que una persona pase de un edificio a otro, es decir, cruzar de una azotea a otra con facilidad.
3. Es normal que los periódicos importantes de los países hispanos o latinos tengan una edición especial los domingos, el dominical, en la que sale una sección dedicada a la cultura y la literatura.
4. COASA. En las sociedades hispanas o latinas muchos negocios son conocidos por su sigla (las letras iniciales de su nombre oficial, como en los Estados Unidos la *IBM* es la *International Business Machines*). Sin embargo, en la sigla de muchas compañías latinas la terminación lleva —SA que significa **Sociedad Anónima**, la cual es el equivalente de *Incorporated*.

TEXTO

El pulso de Héctor se volvió a desbocar, pero logró serenarse y vio en seguida que lo que le había aterrorizado era sólo una estructura de huesos de plástico que reproducía el esqueleto humano.

X se ciscó en el doctor y en su ocurrencia de convivir con aquello, y empezó a buscar pinturas, antigüedades y muebles valiosos.

Allí no había nada. Decidió penetrar en la otra parte del piso. En lo que supuso era la vivienda del médico.

Atravesó un recibidor. Otro corredor y, detrás de un arco de madera de nogal, se encontró con un salón de paredes repletas de cuadros.

El mechero le chamuscó los dedos. Los retiró bruscamente y adiós llama.

Volvió a encenderla. Tras dudar, siguió adelante.

Pero no reparó en el ojo electrónico que protegía el tesoro del doctor Barba. La sirena se disparó y se puso a aullar con un sonido tan estridente que parecía iba a romperle los tímpanos.

El doctor, que tenía realmente cara de sapo, saltó de la cama en un dormitorio vecino. Empuñó la pistola automática. Fue prendiendo luces y se dirigió a toda prisa al salón en que acababa de dispararse la alarma.

Héctor había salido a escape y permanecía oculto en el recibidor, tras un mueble de cantos metálicos. Desde su escondite veía la vitrina que encerraba abanicos. En aquel momento le parecieron artefactos siniestros.

Tan pronto como los policías del coche de patrulla oyeron la sirena y vieron los destellos rojos en la fachada, corrieron —también pistola en mano— hacia la casa del médico.

Todos los muchachos de la tropa menos uno cumplieron con las reglas y se dispersaron como alma que lleva el diablo[1] para volver a sus camas.

Benjamín fue la excepción. Se quedó agazapado detrás de una camioneta. En seguida comprendió que Héctor estaba en un aprieto.

En cuanto vio que la pareja de policías entraban en el portal tras forzar la cerradura, el pequeño del grupo eligió tres de los petardos más potentes que llevaba en su mochila y los lanzó contra la acera. «Esto los sorprenderá y dará a X tiempo de escapar», se dijo.

Acertaba.

El doctor Barba estaba husmeando muy cerca ya de donde se ocultaba Héctor cuando sonaron en la calle los truenos como si fuesen tiros de un arma potente. ¡Qué olor a pólvora!

El médico, alarmado, interrumpió la búsqueda para ver qué estaba ocurriendo fuera.

Al oír los petardos, los policías —que estaban subiendo al piso— dieron media vuelta y a toda prisa bajaron a la calle.

Héctor aprovechó la sorpresa para volver al pequeño cuarto de baño por el que había entrado en la casa. Salir por la ventana y encaramarse a la azotea.

La escandalera de alarma y estallidos hizo que el vecindario se asomara a los balcones y presenciara la aparición de media docena de vehículos de la policía que acudieron en apoyo de la pareja que acababa de ser burlada por la idea del pequeño dinamitero de la tropa.

Mientras tanto, Héctor huía como una sombra lanzada a la carrera por las azoteas y Benjamín se escurría siguiendo la ruta de emergencia que pasaba por callejones en los que apenas podía entrar una carretilla de reparto.

Cuando X llegó a su habitación estuvo tentado de llamar al inspector Mora con el walkie-talkie, pero lo pensó dos veces y decidió no hacerlo.

◆

A la mañana siguiente Héctor se bañó con un jabón líquido que olía muy bien. Se peinó con esmero y se puso en el suéter la figurilla del león dorado.

Mientras mojaba un cruasán en el chocolate caliente, el abuelo comentó:

—Esta madrugada ha habido[2] tiros al otro lado del barrio.

—Cuando me he acercado a comprar los bollos, se decía que han entrado ladrones en casa del doctor Barba —añadió la abuela.

X engullía con la cara casi metida dentro del tazón para que no se notara que estaba poniéndose colorado.

El abuelo empezó a enumerar todo lo que haría para acabar con quien se había atrevido a meterse en casa del médico. Cosas terribles.

En cuanto Héctor acabó de desayunar, se ofreció a ir por el periódico. «Veremos qué cara pone Victoria cuando me vea con el león», pensó.

La dependienta andaba muy atareada despachando las ediciones dominicales que tenía apiladas sobre una mesa, en la acera.

X la miró con aire de conquistador. Cogió un diario y le pidió:

—Por favor, ¿me cobras?

Se acercó mucho a la chica para darle el dinero. Quería comprobar si su perfume era el de la cajita que había recibido con el anónimo, pero el olor de los montones de papel de prensa era más fuerte y no logró llegar a ninguna conclusión.

Ella le devolvió el cambio sin apenas mirarlo. Héctor se dijo: «Ya ha visto el león dorado, y ahora disimula.»

Toni estaba dentro de la librería atendiendo a un cliente. En cuanto pudo, salió con cara de compinche y guiñó el ojo a Héctor. Lo agarró por el brazo. Se lo llevó calle arriba y, en cuanto estuvo seguro de que nadie podía oírlo, dijo:

—Menuda organizamos anoche...[3]

—¿Llegaron todos bien?

—Tranquilo, X. Todos bien y nadie se enteró de nada. —Lanzó un suspiro—. Menos mal que la calle Fraternidad queda apartada, y los petardos se oyeron lejos. Menos mal que mis padres no se levantaron de la cama... —Se rascó la barbilla—. Ni los de Isabel... ni los de la bomba H... ¿Te imaginas que me pescan entrando a las tantas con Luis...? ¿Te lo imaginas?

Estaban hablando de los truenos —lo que llamaban «ocurrencia genial del dinamitero»—, cuando llegó la bomba H en moto. Frenó derrapando y observó a Héctor con aire de felicidad:

—Lo de ayer fue estupendo. Fue fantástico. Fue... —Hizo una pausa para anunciar—: Ahora, agárrate.

—¿Qué pasa?

—He hablado con el cartero y va a darme la lista de los que están suscritos a revistas de arte o de antigüedades.

—¡Bien! —exclamó X—. ¿Cuándo te la dará?

—Hemos quedado en vernos dentro de un rato. Irá a llevarle su Vespa a un mecánico que trabaja en la fábrica de motos, y los domingos por la mañana hace reparaciones por su cuenta.

—En cuanto sepas algo... Estaré en la madriguera.

—Descuida.

La chica se marchó acelerando con brusquedad.

Héctor estaba esperándola en el sótano. Jugaba al futbolín con el pequeño del grupo, y entró la bomba H por la puerta falsa:

—Tengo la lista. Tengo la lista —repitió con excitación—. Hay algo que quizá...

La bomba H, que llevaba el cabello tirante hacia arriba y sujeto en lo más alto con un pasador de concha, mostró a Héctor una hojilla de papel cuadriculado.

El cartero le había anotado cuatro direcciones. La segunda rezaba:[4]

COASA, calle Fraternidad, núm.[5] *304.*

—¡Calle Fraternidad! —exclamó X.

—¡¿Calle Fraternidad?! —repitió Benjamín.

Susana dijo:

—Según el cartero, COASA es un almacén de bañeras, lavabos y cosas por el estilo.[6] —Apuntó a X con el dedo—. Son los que reciben más revistas de antigüedades, y con mucho.

Héctor entrecerró los ojos y se puso a reflexionar.[7] Terminó por decir:

—Ese número de la dichosa calle debe de caer al final. El del doctor Barba es el 141 y anda[8] por la mitad.

La bomba H añadió:

—Me ha dicho que es la última casa.

—¿Tendrá algo que ver ese almacén de wáters con el doctor Barba y con el poli de la Interpol que dicen que asesinaron? —se preguntó X en voz alta—. ¡Maldita calle Fraternidad!

—¿Qué vamos a hacer? —quiso saber Benjamín.

—Iré solo —dijo Héctor con voz cortante—. Si dentro de hora y media no he vuelto, querrá decir que necesito ayuda.

—No te preocupes. Te ayudaremos —aseguró el dinamitero con aplomo.

—Estoy convencido —repuso Héctor sonriendo. Y le dio una palmada en el hombro—. Eres capaz de hacer volar el almacén por los aires.[9]

Benjamín le devolvió la sonrisa con otra de pillo.

◆

Héctor observó con disimulo el almacén de artículos para cuartos de baño.

El edificio era de ladrillo rojo y de una sola planta. Un escaparate ocupaba más de la mitad de la fachada y se abría entre dos jardineras. Allí se exhibía el último grito[10] en bañeras y azulejos italianos.

El estacionamiento estaba vacío. X supuso que al ser domingo no habría nadie.

Las paredes laterales carecían de ventanas y la trasera daba a una imprenta. X se ocultó por si las moscas tras un seto. «A lo mejor aparece alguien», se dijo.

Pasó media hora. Una hora. Y nada.

Estaba pensando ya en regresar a la madriguera, rabo entre piernas, cuando llegó una camioneta que se estacionó delante del almacén. Se apeó de ella un hombre de cara pálida y cabello oscuro peinado hacia atrás con brillantina.

El recién llegado se encaminó a la puerta metálica del edificio. La abrió de par en par. Tomó una carretilla. Volvió al vehículo para descargar un bulto muy grande.

Héctor aprovechó que el hombre se encontraba de espaldas, batallando con la carga, para salir del escondite a la carrera e introducirse[11] en el almacén.

Una vez dentro, se tendió en el suelo detrás de una bañera.

Se oyó el ruido chirriante de la carretilla en el estacionamiento y luego con estruendo por el local hasta llegar a pocos metros de él. Poquísimos. Pasos firmes sobre el pavimento reluciente y el clac seco de la puerta de aluminio al cerrarse.

Tan pronto como hubo echado la llave,[12] el hombre se dirigió a un armario de tablero plastificado de tres puertas. Abrió la del centro y desapareció.

X asomó los ojos por encima del canto de la bañera.

Unos golpes frenéticos sonaron en la puerta metálica que daba al estacionamiento, e hicieron que Héctor se lanzara de nuevo cuerpo a tierra.

El hombre de la brillantina fue a abrir a toda prisa.

El chico aprovechó la ocasión. Pasó por la abertura central del armario —que en realidad era la entrada camuflada de la trastienda del almacén— y llegó a una auténtica cueva de Alí Babá... Allí había tallas románicas, pintura renacentista y barroca, muebles imperio, dos cuadros de Picasso. Al fondo, el taller de falsificación de obras de arte con un horno de calor regulable para resquebrajar el color de los cuadros y darles aspecto de antiguos.

En cuanto se abrió la puerta de la calle, se oyó un susurro. Era la voz angustiada de una chica que advertía:

—Cuidado... Cuidado... Ese entrometido se te ha colado. Lo he visto. —Tan pronto como se fijó en la puerta del armario de par en par, se puso a chillar con crispación—: ¡Hay que atraparlo! ¡Nos ha descubierto! ¡Hay que atraparlo!

X se ocultó en el interior de un arcón. La voz femenina le pareció familiar. Pero no. No podía creerlo.

La chica explicó con frases entrecortadas quién era Héctor. El hombre del cabello peinado hacia atrás sentenció:

—A ese mocoso la gamberrada va a costarle la vida.

X levantó un poco la tapa para mirar por la rendija. A los pocos momentos entró el hombre con una navaja muy larga —ahora, el muchacho se dio cuenta de que aquel rostro estaba entre las fotos de la policía—. Detrás apareció la chica.

A Héctor se le cayó el alma a los pies. «Es ella», se dijo.

Notas lingüísticas

1. **Ir como alma que lleva el diablo** quiere decir *to run like heck*.
2. **Ha habido** significa *there has (have) been*. Esta expresión verbal está relacionada a varias expresiones en las que figura la forma impersonal del verbo **haber**: hay, había, había habido, habrá habido, habría habido, tiene que haber, puede haber, debe haber, parece haber, suele haber, va a haber, iba a haber, etc. Los equivalentes en inglés de todas estas expresiones llevan el concepto de *there + a form of the verb to be: there is, there was, there must be, there has to be, there seems to be, there usually is, there is going to be,* etc.
3. **Menuda organizamos anoche.** En esta expresión, **menuda** funciona de exclamación y el concepto relacionado a la palabra es algo como *what a thing, great job, fantastic outing* o *cool night.*
4. **Rezaba.** Por lo general, el verbo **rezar** se refiere al acto de pedirle algo a Dios o a otra persona. Aquí el contexto sugiere un sinónimo de **decía.**
5. En español, hay dos abreviaturas para la palabra **número**: Núm. y Nº.
6. **Cosas por el estilo** es una expresión que significa **cosas de este tipo.**
7. **Ponerse a + infinitivo** es igual a **empezar a + infinitivo** o **comenzar a + infinitivo.**

8. **Andar.** Aunque el verbo es sinónimo al verbo **caminar**, muchas veces este verbo funciona como el verbo **estar**. Por ejemplo, **el chico anda bien** es otra forma de decir **el chico está bien**.
9. **Hacer volar el almacén por los aires.** Aquí la referencia tiene que ver con las mañas de Benjamín de trabajar con los explosivos.
10. **El último grito en...** es una referencia a lo que está muy de moda: *the latest word in...* o *the latest fad or fashion*.
11. **Introducirse en...** quiere decir **entrar en...**, pero **introducirse** en este contexto tiene un sentido de un movimiento clandestino.
12. **Echar la llave** significa *to turn the key* o *to lock*.

ACTIVIDADES

A. ¿Qué sabe usted?

1. ¿Qué hizo el doctor Barba cuando sonó la alarma?
2. ¿Por qué no se fue Benjamín con los otros chavales cuando llegaron los policías a la casa del doctor?
3. ¿Qué hizo Benjamín para provocar que los policías retrocedieran de la casa del doctor a la calle?
4. ¿Qué hizo Héctor cuando se estallaron los petardos?
5. ¿De qué hablaron los abuelos la mañana siguiente?
6. ¿Por qué se puso X la figurilla del león dorado en el suéter?
7. ¿Qué intentó hacer X para comprobar que la dependienta llevaba el mismo perfume que el de la cajita?
8. ¿Cuáles son los dos edificios en la calle Fraternidad en que tienen interés los chavales?
9. Cuando X vigilaba el almacén, ¿quién llegó y qué hizo al principio de sus actividades?
10. Cuando descubrieron a X en el almacén, ¿dónde se escondió y qué hizo?

B. Comentarios sobre la lectura

1. Haga una descripción de la casa del doctor Barba y del almacén de muebles.

2. Explique porqué Héctor se ofreció para investigar la casa del doctor Barba y, también, ir a vigilar el almacén de muebles.

C. Actividad cooperativa de conversación

1. Todas las actividades que pasaron dentro y fuera de la casa del doctor Barba.
2. Los temas que comentaron los de la tropa al día siguiente, después de que X entró en la casa del doctor Barba.
3. Los detalles de la aventura de Héctor en el almacén de muebles.
4. Lo que hicieron los otros de la tropa (menos Héctor) a lo largo de esta sección de lectura.

D. Ideas personales

1. **La sirena se puso a aullar con un sonido tan estridente que parecía iba a romperle los tímpanos.** ¿Puede usted pensar en un horrible sonido tan estridente como para hacer daño al oído?
2. El doctor empuñó una pistola automática que tenía en casa. Se dice que muchas muertes son el resultado de pistolas que la gente guarda en casa. ¿Qué opinión tiene usted de la necesidad de tener una pistola en casa?
3. Toni le explica a X que menos mal varias cosas no pasaron la noche anterior. La expresión **menos mal** es común y rica en español para empezar una explicación de cosas que pasaron o no pasaron de que uno está agradecido. ¿Puede usted pensar en algo que pasó o no pasó de que está agradecido(a)? Empiece su explicación con **menos mal**.
4. Toni le explica a X que volvió a casa muy tarde y entró a las tantas con Luis. ¿Volvió usted a casa una vez a las tantas —pero que muy a las tantas— de modo que sus padres se enojaron? ¿Qué pasó? Explique usted el caso.
5. La bomba H dice que **lo de ayer fue estupendo.** En el caso de usted, ¿qué dice, pensando en lo de ayer? ¿Qué pasó? Empiece con **Lo de ayer fue... porque....**
6. Susana explica que el cartero le va a dar una lista de personas que están suscritas a revistas de arte. ¿Está usted suscrito(a) a una revista o conoce a otra persona que esté suscrita a una revista? ¿Quién es la persona? ¿A qué revista está suscrita y cuánto tiempo hace que recibe la revista?

7. **Tener algo que ver con...** es una expresión muy productiva en español. X se pregunta si el almacén tiene algo que ver con el doctor. Piense usted en una cosa que tiene que ver con otra y explique la situación. Por ejemplo: **El éxito de mi futuro tiene que ver con la calidad de mi educación.**
8. Benjamín le dice a X que no se preocupe. ¿De qué cosas se preocupa usted? Explíquelas a la clase.

E. **Más vale pluma que espada**
Escójase uno.
1. Las medidas que toma la gente para proteger su casa y/o para protegerse a sí misma, por ejemplo, sistemas electrónicos, perros guardianes y pistolas.
2. El diseño y descripción de la casa de sueños que a usted le encantaría tener algún día.

F. **Más puntos culturales**
1. Hay una referencia en esta sección de lectura a bañeras, lavabos y otros artículos para los cuartos de baño. Quiere decir que en España y en los otros países latinos hay compañías que fabrican ese tipo de producto. De hecho, en España y en los otros países latinos, se producen varios artículos de baño modernos y bien bonitos.
2. En España el **wáter** significa **wáter closet**, el cual lleva otros nombres también, como, por ejemplo, el inodoro, el retrete, el sanitario y (en México) el excusado.
3. **X supuso que al ser domingo no habría nadie.** Hay aquí un ejemplo de la influencia de la religión en el pensamiento de Héctor.
4. El **croissant** de Francia se produce en España con el nombre de **cruasán.** Es popular en España un desayuno de cruasán y chocolate caliente. El chocolate caliente español es muy espeso y da un sabor especial.

8

Orientación Inicial

A. Un puño de puntos claves
1. Las actividades en las que están metidos Héctor y los otros miembros de la tropa
2. La manera en que los traficantes de obras de arte tratan de escaparse y su captura
3. La conducta de Mora
4. El plan de falsificación
5. La aplicación de la obra literaria, *La isla del tesoro,* en la vida de un joven

B. ¿Qué opina usted?
Intercambie con un compañero o una compañera sus opiniones sobre estos temas. Tome nota de sus ideas. Haga una presentación a la clase.
1. Símbolos de autoridad que le dan a uno la autorización de hablar o actuar.
2. Lo bueno de salvar a otra persona justamente unos momentos antes de que sufra algún daño, problema o peligro.

3. Lo malo de pasar una falsificación como algo auténtico: una composición plagiada, examen copiado, dinero falsificado.
4. Las experiencias que realmente hacen madurar a los jóvenes.

C. ¡Diga usted!

1. Un amigo o una amiga se encuentra en manos de unos criminales. Usted y sus cuatro amigos tienen que formar un plan de rescate. Explique usted la situación en la que se encuentra su amigo o amiga y qué piensan hacer para efectuar el rescate.
2. Usted es maestro o maestra y tiene interés en explicar a sus alumnos cómo las novelas clásicas de literatura imaginativa pueden servir de lecciones importantes en la vida. Escoja usted un ejemplo de una obra clásica y explique qué lección importante ofrece a los jóvenes para enriquecer su vida.

D. Puntos culturales

1. **El bastón de mando** tiene por antecedente el bastón de pastor de ovejas. El pastor es el que guía a las ovejas y por eso es el que tiene la autoridad. Otro antecedente del bastón es el hecho de que entre los griegos antiguos, en una reunión, había un bastón que cogía el que iba a tomar la palabra en una discusión. Mientras uno tenía en posesión el bastón, sólo él podía hablar, y cuando terminaba su discurso, se lo pasaba a otro para que tomara la palabra.
2. **Furgoneta** es un vehículo especial que lleva cargas relativamente pequeñas. El nombre originalmente era una marca individual de ese tipo de vehículo, pero ahora se ha generalizado el nombre para referirse a todo tipo de pequeño vehículo cubierto para el transporte de carga.
3. **No quiero enseñar las cartas.** Parece que en todas las culturas que juegan a cartas en una competencia de puntos, se utiliza esta expresión para no revelar toda la información que uno tiene.

TEXTO

Era Victoria. La dependienta de la librería de Toni.

Héctor dejó caer la tapa del arcón, ya no quería ver más. Se palpó el león dorado y luego la bolsa del walkie-talkie. Pensó en llamar al inspector Mora. Se preguntó: «¿Y si es uno de ellos ese poli? ¿Y si se ha comprado el Rolls traficando con cuadros?»

Desde su escondrijo se oían los juramentos ahogados del hombre que lo estaba buscando por el almacén y pensó: «De perdidos, al río.»[1] Decidió usar el teléfono sin hilos y pedir ayuda al inspector:

—DOHFAX —dijo en un murmullo.

Se oyeron unos pitidos, un zumbido y por fin un:

—Dime.

—Los he descubierto. Quieren matarme. Estoy en COASA. Calle Fraternidad 304... Corra. Corra.

—Voy.

Victoria y aquel hombre —que era su novio— buscaron a Héctor con furia por todas partes.

Empezaron por entre las bañeras y sanitarios. Luego pusieron patas arriba[2] las antigüedades y obras de arte de la trastienda del almacén. Más tarde registraron[3] una partida de muebles nuevos destinados a sufrir el proceso de envejecimiento: golpes para redondear los ángulos, agujeros...

Buscaron y rebuscaron[4] hasta que por fin abrieron la tapa del arcón en que se había escondido.

X estaba tumbado en el fondo. Encogido.[5]

El traficante, al verlo, levantó la mano y la navaja centelleó en el aire.

El tiempo iba pasando. Héctor no regresaba. Benjamín y la bomba H reunieron la tropa. Decidieron acudir en su ayuda.

Toni tomó la jefatura de la operación y, para reforzar su autoridad, se llevó su stick de hockey a modo de bastón de mando.

Llegaron al almacén. Vieron la furgoneta frente al escaparate, y se ocultaron en espera de acontecimientos.[6]

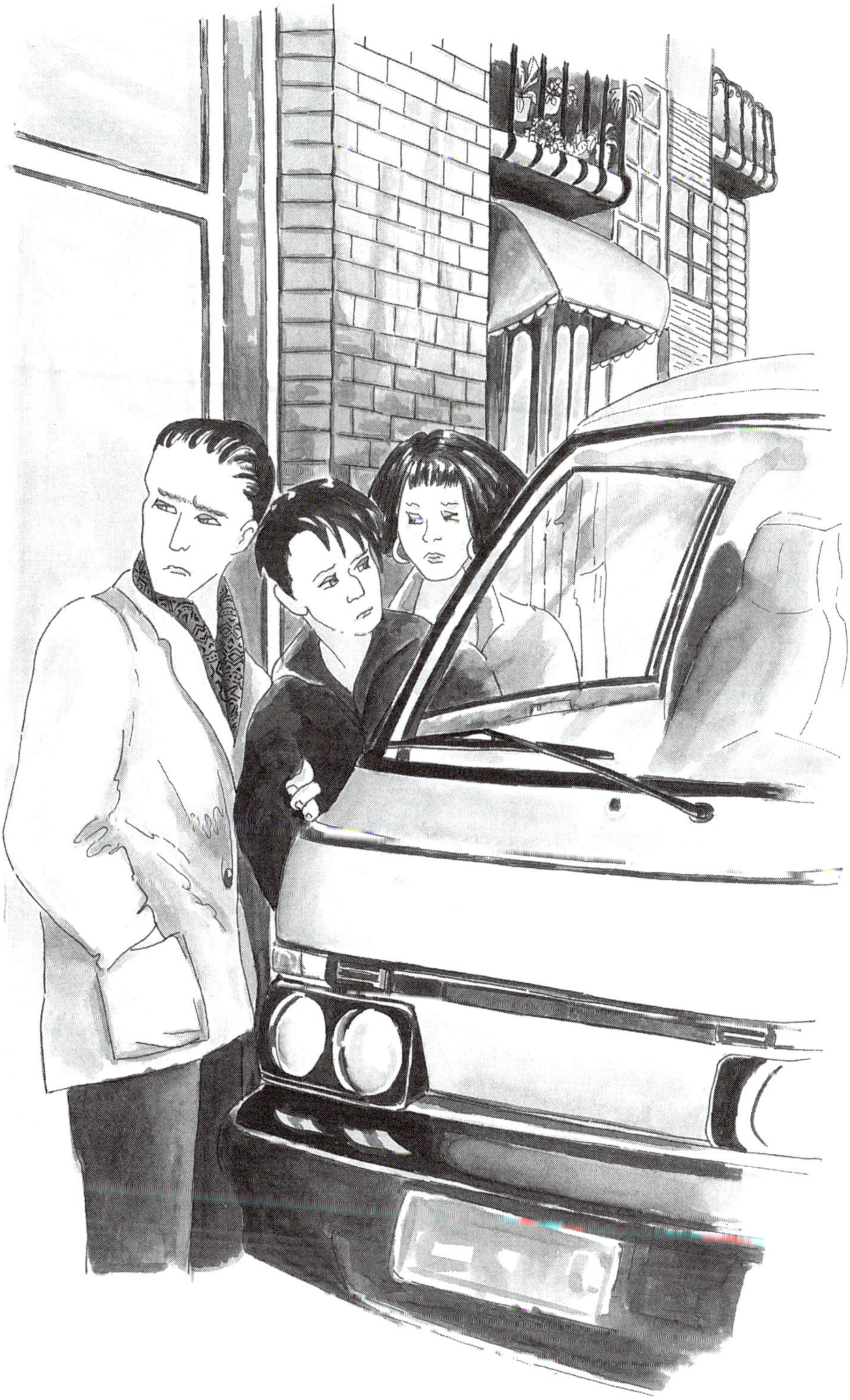

Tan pronto como hubo pasado el plazo que había marcado Héctor —hora y media—, Toni dio la señal a Benjamín e iniciaron el plan. El hijo del librero se acercó a la puerta metálica para aporrearla con rabia mientras chillaba oscureciendo la voz:
—¡Abran! ¡Están rodeados!

El dinamitero de la tropa hizo estallar dos de sus petardos más estruendosos. Y los dos muchachos corrieron a esconderse.

El novio de Victoria estaba a punto ya de dar el navajazo[7] cuando se oyeron los golpes en la puerta.

Aquello salvó la vida de Héctor.

El traficante, confundido,[8] sólo pensó en escapar. Tomó por el brazo a X. Le apoyó la punta de la hoja[9] en el cuello y advirtió:
—Vas a venir con nosotros... Serás nuestro rehén. —Mientras lo empujaba hacia la puerta, con voz afilada por la ira, añadió—: Al salir a la calle voy a guardarme la navaja en el bolsillo. No quiero enseñar las cartas...[10] Pero ¡cuidado! si intentas algo...

La dependienta de la librería iba detrás. No quería que su mirada se encontrara con la del chico.

Antes de tratar de llegar a la camioneta, el traficante asomó la cabeza por la puerta. No vio a nadie. Tras los estallidos de los petardos, los transeúntes se habían alejado a toda prisa del lugar y los vecinos se limitaban a escudriñar por las esquinas de las ventanas.

El novio de Victoria agarró a Héctor con fuerza. Levantó la voz para advertir:
—Si intentan algo, mato al chico.[11]

No dijo cómo pensaba hacerlo.

Y decidió avanzar con cuidado por el estacionamiento manteniéndose cerca del escaparate. Quería tener cubierto un flanco. Pero no se dio cuenta de que Toni, Isabel y Luis se habían ocultado en el espacio que quedaba entre jardinera y fachada.

Cuando el traficante pasó junto a ellos, dándoles la espalda, Isabel tomó el stick de Toni. Salió del escondite sin hacer ruido y, agarrando el palo como si fuese un hacha, asestó un tremendo golpe en la nuca del traficante.

El hombre cayó al suelo, y trató de incorporarse con una mano mientras se llevaba la otra al bolsillo para empuñar la navaja. Pero Luis llegó como un jabalí y le dio un tremendo patadón en plena nariz.

Esta vez el hombre se desplomó. Victoria, aterrorizada, se tapó el rostro con las manos. Héctor no podía creer lo que veía.

Y hete aquí[12] que llegó un coche a gran velocidad y frenó bruscamente —al estilo de la bomba H— para detenerse a pocos pasos de donde estaban.

Era el Rolls negro y reluciente. Al volante iba el inspector Mora.

El policía secreto saltó del cochazo y se acercó pistola en mano.

Héctor le contó en dos palabras[13] lo que había pasado y el inspector puso en seguida las esposas al traficante, aún desvanecido, y también a la dependienta de la librería.

X no quiso presenciar cómo Victoria era conducida a la parte de atrás de la camioneta, y se encaminó al almacén.

A los pocos minutos el policía se reunió con él y, al recorrer con la vista las obras de arte allí almacenadas, se dijo: «Tengo el ascenso en el bolsillo... Sí, señor.»

Mora reanimó al traficante arrojándole a la cara un cubo de agua fría. Luego a puntapiés lo hizo montar en el vehículo de reparto por la puerta trasera y le ordenó que se sentase junto a Victoria.

Después de cerrar con llave el almacén, Mora dio una palmada amistosa en el hombro de Héctor:

—Te llamaré luego por el walkie-talkie. —Y dirigiéndose a todos—: Ahora, a casa.[14] No quiero que os mezclen en esto.

Y se llevó[15] a los detenidos a comisaría.

Héctor permaneció inmóvil en el estacionamiento. La bomba H fijó los ojazos en el león dorado que aún llevaba el chico en el suéter, pero no se atrevió a decirle que era ella quien se lo había mandado con el anónimo.

A media tarde Mora llamó a Héctor y quedaron en verse en casa del inspector.

En cuanto el muchacho entró en el piso, devolvió las fotos al policía secreto. Mora le ofreció coca-cola y dijo con satisfacción:

—Gracias a vuestra ayuda los hemos pescado a todos. La parejita de novios pronto ha empezado a contradecirse para terminar por darnos los nombres de toda la organización. Por cierto, que él era el monogramista.[16] —Y aclaró—: Bueno, el experto en falsificar firmas de pintores. ¡Vaya tinglado! Robo de obras de arte..., contrabando, falsificación... Hasta tenían un pistolero, el que mató al de la Interpol. —Se interrumpió y preguntó—: ¿Sabes cómo colocaban sus falsificaciones?

El muchacho negó con la cabeza.

Mora entornó los ojos y dijo:

—Imitaban cuadros de maestros. En cuanto los acababan tapaban la firma falsa con pintura y, encima, ponían la de otro pintor menos conocido. Mandaban los cuadros al extranjero y ellos mismos denunciaban a la aduana el intento de introducir grandes obras con la firma camuflada. La policía comprobaba que, en efecto, debajo se ocultaba la de un genio... Y, multa al canto. —Arrugó el entrecejo y añadió—: Los falsificadores la pagaban encantados y luego con el recibo oficial de la multa hacían creer que el cuadro era bueno. —Se le iluminó la cara—: Héctor, tenemos que seguir colaborando en otros casos. Formaremos un gran equipo... Puedes quedarte con el walkie-talkie.

X asintió con la cabeza y aprovechó el entusiasmo de Mora para soltar:

—¿Alguien más del barrio andaba metido en la banda?

El policía le hizo un guiño. Sacó del bolsillo del pantalón un informe arrugado y dijo:

—Échale el ojo, pero no se lo cuentes a nadie. Es confidencial.

X lo leyó con avidez y pensó:

«Ni el doctor Barba ni el pintamonas ni los de la tienda de muebles están metidos en el lío.»

Mora se temía que el Rolls debía de haber extrañado a los muchachos y se vio obligado a argumentar:

—Mira, Héctor: la paga de policía es muy pequeña, y tengo que ingeniármelas para llegar a final de mes... En mis horas libres me encargo de la seguridad de un banquero muy rico que tiene un Rolls, y a veces lo conduzco...

Decía la verdad.

—¿Hace de guardaespaldas de un millonario? —quiso saber X.

—Hombre... Verás...

—¿Un policía puede hacer además de guardaespaldas? —preguntó el muchacho aunque sabía muy bien que la cosa era ilegal.

—Y a ti, ¿qué te importa? —repuso con un chispazo de mal humor.

«Le he dado donde más le duele», se dijo X tratando de disimular una sonrisa punzante.

El policía dio la espalda al chico y, apuntando a los lomos de las novelas de un estante, ablandó el tono:

—Todas de piratas, Héctor... Como *La isla del tesoro*.[17] —Se volvió y preguntó—: ¿La has empezado?

—No he tenido tiempo.

—Se publicó primero como serial en una revista para jóvenes. La aventura hace hombre a un chaval. —Entrecerró los ojos y tras una pausa—: Al autor le tiraba la aventura. Era de los que pasaban horas entre lobos de mar en los bares del puerto. —Se sonrió con malicia y añadió—: Escribió el libro para divertir a un muchacho de tu edad... Un tal Lloyd que se empeñó en que no hubiese mujeres en la historia. Eran otros tiempos, ¿verdad?

X pensó en Victoria y no respondió.

◆

El viento cortaba. Héctor regresó a casa de los abuelos y se puso a ordenar su ropa en la bolsa de viaje.

Sus padres habían anunciado que acudirían a recogerlo antes de cenar. El fin de semana se agotaba ya.

El abuelo estaba esperando al muchacho y, en cuanto lo vio, propuso:

—Vamos a encender la chimenea, que hace frío.

El hombre había observado la expresión de ausente de su nieto y, aunque no sabía a ciencia cierta qué le ocurría, intuyó que el chaval lo necesitaba.

Junto al hogar había leña seca. Pidió a Héctor que colocara primero papel y pinaza. Luego, que dispusiera los troncos encima, como si fuera a hacer una «tienda de indios».

Por fin el muchacho prendió el papel, y las llamas iluminaron sus rostros.

El aire se impregnó de aroma a resina y Héctor anunció:

—Voy por el libro. Lo empezaré junto al fuego.

Notas lingüísticas

1. **De perdidos, al río** significa *from bad to worse*.
2. **Patas arriba.** Normalmente, la palabra **pata** se refiere a lo que tienen los animales para caminar o los muebles para sostenerse en posición correcta. **Patas arriba** se refiere al animal puesto de espalda sobre el suelo o una mesa, por ejemplo, volcada con las patas arriba. Referente a una persona, pata es equivalente a pierna o pie y quiere decir que la persona está de espalda sobre el suelo con las piernas arriba. La expresión implica el cansancio (la fatiga) o la muerte.
3. **Registrar** no siempre indica entrar oficialmente en un hotel con la firma personal del huésped en el libro de registro. También, **registrar** es la acción que hace un policía al revisar a una persona sospechosa o acusada de un delito o crimen para descubrir si lleva algún arma o droga ilegal.
4. **Rebuscar.** El prefijo **re-** indica intensificar la acción del verbo o volver a hacer la acción otra vez o varias veces.
5. **Encogido** constituye una oración completa según el estilo personal del autor.
6. **Acontecimiento** es sinónimo al vocablo **evento** o **suceso**.
7. **Navajazo** contiene el sufijo **-azo** que sirve para aumentar conceptualmente el sustantivo al que está conectado. También sirve para indicar un golpe hecho con el instrumento indicado con la palabra a la cual está conectado el sufijo. Otras palabras de esta categoría son: codazo, manazo, puñazo, puñetazo, chispazo, cochazo.
8. **Confundido** y **confuso.** Los dos significan *confused* o *mixed up*. Sin embargo, se emplea la forma verbal **confundido** con el verbo auxiliar **haber** para las formas verbales compuestas.
9. **Hoja** en este contexto se refiere a una navaja o cuchillo, o sea, un instrumento para cortar. **Hoja** también es parte de un árbol.

10. **No quiero enseñar las cartas. Enseñar** en este contexto quiere decir **mostrar**.
11. **Si intentan algo, mato al chico.** En esta oración, se usa el tiempo verbal del presente para indicar el futuro.
12. **Hete aquí.** La expresión **hete** consiste en dos elementos: **he** y **te**. **Hete aquí** quiere decir en inglés *here you are* o *behold*. Hay muchas variaciones de esta expresión: **heme aquí, hele aquí, he aquí**.
13. **Le contó en dos palabras.** Aquí esta expresión indica que se lo dijo en pocas palabras.
14. **A casa.** Esta estructura lingüística es una abreviatura del imperativo **váyase a casa, vete a casa** o, incluso, **vamos a casa**.
15. **Llevar** vs. **llevarse**. En inglés, el equivalente de **llevar** es *to take* o *to wear*. El equivalente de **llevarse** es *to take away* o *to carry off*.
16. **El monogramista** se refiere a la persona o al pintor, en este caso, que firma los cuadros artísticos.
17. *La isla del tesoro*. En comparación al inglés, en español el título de un libro está citado con letras minúsculas.

ACTIVIDADES

A. ¿Qué sabe usted?

1. ¿Cómo pensaba matar a Héctor el hombre que estaba con Victoria?
2. Ya que X estaba ausente, ¿quién asumió la jefatura de la tropa y qué plan se organizó para salvar a X?
3. ¿Qué le hizo el compañero de Victoria a X para poder escaparse del almacén?
4. ¿Qué le hicieron los de la tropa al compañero de Victoria?
5. ¿Cómo supo Mora de la situación y qué hizo para intervenir en ella?
6. ¿Por qué dijo Mora que tenía el ascenso en el bolsillo y qué quiere decir la expresión?
7. ¿Qué es lo que Susana no le quiso decir a X?

8. Según Mora, ¿cómo era la operación de los traficantes de obras de arte?
9. ¿Qué explicación le dio Mora a Héctor acerca del porqué conducía el Rolls?
10. ¿En qué circunstancia o ambiente quiso empezar a leer la novela Héctor?

B. Comentarios sobre el dibujo (página 85)
1. Haga una descripción de lo que se ve en la ilustración.
2. Explique porqué pasa lo que se ve en la ilustración.

C. Actividad cooperativa de conversación
1. Lo que hizo Héctor para atrapar a los criminales.
2. La ayuda que los de la tropa brindaron a Héctor.
3. Las acciones del traficante y Victoria.
4. Los detalles acerca de las actividades e ideas de Mora.

D. Ideas personales
1. Mora dice que la paga de policía es pequeña y que él tiene que ingeniárselas. ¿En qué situación tiene usted que ingeniárselas para sobrevivir o adelantarse?
2. Mora busca maneras de lograr un ascenso. ¿Qué ha hecho usted para lograr un ascenso en su trabajo o en alguna organización?
3. Mora le dice a Héctor que la aventura hace madurarse a un chaval. Explique usted lo que quiere decir y explique qué aventura ha tenido usted que le haya ayudado a madurarse.
4. Se explica al fin de la narración cómo hacer un fuego de chimenea. En sus propias palabras, explique el proceso de encender la chimenea, o sea, hacer una hoguera.
5. En la ausencia de X, Toni tomó su **stick de hockey** como bastón de mando para reforzar su autoridad en la tropa. El bastón de mando era el instrumento o símbolo de autoridad en tiempos antiguos. ¿Qué símbolos se emplean en tiempos modernos como signo de autoridad? ¿Son lógicos estos símbolos? ¿Por qué?

E. Más vale pluma que espada
Escójase uno.
1. Las características de los verdaderos líderes. Los atributos que uno debe de tener para poder tener éxito en ser el responsable dentro de un grupo de gente.
2. El valor de leer libros que reflejen buenos principios y normas positivas. ¿Qué libros le han influenciado en la vida a usted? ¿Por qué?

F. Más puntos culturales
1. **Tengo el ascenso en el bolsillo.** Parece que en toda sociedad en la que haya una competencia para ganar ascensos en el trabajo, los que buscan el ascenso tratan de ganarlo de cualquier modo posible y a veces tienen la actitud, demasiado confiada, de que ya lo han conseguido antes de que, en realidad, lo tengan.
2. En la arquitectura de España es muy común tener chimeneas en las casas (chalets) como una manera de calentar la casa.
3. **Hogar** tiene dos sentidos: *hearth* o *fireplace*, y *home* en el sentido de crear un espíritu de calentura y amor dentro de la familia.

Glosario

Glosario

A

a bordo on board
a buen paso quickly, at a fast pace
a buen ritmo at a good rate
a callar be quiet, shut up
a cambio de in exchange for
a cuadros checked (as in a pattern, design)
a dos pasos two steps away
a fondo extensively, deeply
a lo largo along
a lo mejor perhaps
a media tarde at mid-afternoon
a no ser que unless
a nombre de in the name of
a otro perro con ese hueso I don't believe it, don't give me that line
a paso ligero quickly
a pie on foot
a prisa quickly, fast
a punto de on the verge of
a salvo safe
abanico (handheld) fan (for moving air)
abatido, a dejected, disheartened
abertura opening
ablandarse to soften up, change one's mind
abrigar to shelter, protect
  abrigo overcoat; shelter
abultado, a bulky
acabar to stop, terminate
  acabar de + inf to have just + past part
  acabar por + inf to finally + verb
acariciar to caress, handle
acceder to yield, give way
acelerar to accelerate
acera sidewalk
acercarse to draw near, get close
acero steel
acertar to be right, choose right
acontecimiento event, happening
acribillar to fill full of holes
acudir to go to, appear before

acuerdo agreement
adelantarse to go forward
ademán *m.* gesture
además besides, in addition
adorno adornment
adquerir to acquire
aduana customs (at border, airport)
advertencia warning
  advertido, a warned
  advertir to warn
agachado, a crouched down
agarrar to grasp, seize
agazapado, a crouched down
agotarse to wear out
agriar to make sour
aguantar to withstand
aguardar to wait for, await
aguileño, a eagle-like
agujerear to drill a hole
  agujero hole
ahogado, a smothered, stifled
ahora mismo right now
ahumado, a smoked
al acecho lying in wait
al canto for sure, certainly
al mismo tiempo at the same time
al por major wholesale
al vuelo in flight, on the run
al upon
ala wing, brim (of a hat) (singular form is **el ala**)
alabar to praise
alambre *m.* wire; *pl.* dental braces
álbum *m.* album
alcance *m.* reach
alcanzar to reach, attain
alcornoque *m.* cork oak, dimwit
alegrarse to be happy, glad
alejarse to go away
alivio relief
alma *f.* soul (singular form is **el alma**)
almacén *m.* store, department store, storeroom
  almacenado, a stored, warehoused
  almacenar to store
  almacenillo small storeroom

almendrado, a almond-like
almohadilla cushion, large pillow
altura height, altitude
alucinar to hallucinate
amabilidad *f.* friendliness
amazacotado, a clumsy, overly ornate
ambos both
ambulante ambulatory
amenaza threat
amenazador, a threatening
  amenazar to threaten
amistoso, a friendly
ancho, a wide
andar to be, walk, function
  andar al corriente to be up on things, be current
angelitos little angels
ángulo angle
angustia anguish
  angustiado, a distressed, anguished
anochecer nightfall
anónimo unsigned card
ante before, in front of
antigüedades antiques
anunciar to announce
añadir to add
apacible *adj.* mild-mannered
apagado, a shut off, toned down
aparato apparatus
aparcado, a parked
aparecer to appear
aparentar to feign, pretend, seem
aparición *f.* appearance
apartar to separate, put aside
apearse to get down, get out (of a car)
apenas scarcely, hardly
apesadumbrado, a gloomy
apetecer to like, enjoy
apilar to pile up
aplomo aplomb, assurance
aporrear to hit, thump
apostillar to add notes to
apoyar to support
  apoyo support
aprendizaje *m.* the act of learning
apresurado, a rapid, hasty

apretar to press (a button), squeeze
  aprieto squeeze, tight situation
aprobar to approve
aprovechar to take advantage of, profit from
apuntar to point, indicate
archivo file (filing cabinet)
arco arch, arc
arcón (round top) chest
argumentar to argue
armar to set up, arm
armario (portable) closet, chest
arrancar to pull out, start
arrastrar to drag
arrebatar to snatch, wrench
arreglar to arrange, take care of
arriesgarse to take a risk
arrojar to throw
arrugar to wrinkle
artilugio apparatus
ascender to ascend
  ascenso promotion (in job)
  ascensor elevator
asegurar to assure
asentar to set on
asentir to agree
asesinar to murder, kill
  asesinato homicide, murder
  asesino murderer
así thus, in this way
asomar to stick out, put out (one's head, hand, etc.)
astuto, a smart, sly
asumir to assume
asunto matter, affair
asustado, a scared
ataque *m.* attack
atareado, a busy (with chores)
atasco jamming up
atender to attend, assist
atento al parche look carefully, pay attention to detail
atestado, a filled full, overflowing
atónito, a astonished
atrapar to trap
atravesado, a mean, bad

atravesar to go across, crossover
atreverse to dare to
  atrevido, a daring, bold
atropello pushing, getting run over
aturdido, a reckless, dazed
aullar howl, squeal
aumentar to augment, increase
aunque although
auricular *m.* telephone receiver
  auriculares earphones, headset
ausente *adj.* absent
auténtico, a authentic
aún still, yet
avanzadilla small movement forward, advance
averiguar to find out
avidez *f.* eagerness
avisar to advise, inform
ayudar to help
azotea roof
azulejo tile

B

bajar to go down
balbuceante *adj.* stammering, stuttering
balcón *m.* balcony
baloncesto basketball
balón (large) ball
bandeja tray
bandera flag
banquero banker
banquete banquet
bañarse to bathe, take a bath
  bañera bathtub
barandilla railing
barba beard
  barbilla chin
barco boat
barniz varnish
  barnizar to varnish
barra bar, rod
barrio neighborhood

barroco, a baroque style
¡basta! nothing more, enough
bastón staff, cane
  bastón de mando leader's staff (like a shepherd's)
bata robe
batallar to battle, struggle
becerro calf
beso kiss
birrias horror, rubbish
bocinazo heavy honking (of horn)
boda wedding
bola ball
  bola negra negative vote
bolígrafo ballpoint pen
  boli short for *bolígrafo*
bollo (bread) roll, bun
bolsa purse, bag
  bolsillo pocket
bomba bomb
bombón *m.* candy
boquete *m.* hole (in a wall)
borde *m.* edge
  bordillo curb
borrico donkey, dimwit
bota boot, shoe
bote *m.* (tin) can, receptacle
bramido roar
brillo glare, brightness
brinco jump
broma joke, practical joke
bruja witch
bruscamente brusquely
buena voluntad good will
bullicioso, a noisy, bustling
bulto bundle, bulky load
burlado, a fooled, deceived
búsqueda search

C

cabello hair
cabo end

cacería hunt, hunting
  cazar to hunt, catch
cachear to frisk, search
cadáver body, cadaver
caer to fall
  caerle la torta a uno to get the payoff, get what one wants
caja box, cash register
  cajita small box
  ¡cajón! goal! (in soccer)
calabozo jail
calentar to heat
  calentura heat, warmth
  caliente *adj.* hot
calidad quality (as in rank order)
cálido, a hot, tepid
callado, a quiet, shut up
calle street
  calle arriba up the street
  callejero, a of the street
  callejón *m.* alley way
calor *m.* heat
calvo, a bald-headed
calzada side of road, gutter
calzado shoe
  calzar to wear shoes, have shoes on
camarada *m./f.* comrade
cambio change
camioneta small truck, pick-up
campanillas (little) bells
campeonato championship
campo field
camuflado, a camouflaged
canasta basket
canijo, a weak, puny
cano gray hair
cansancio fatigue, tiredness
canto edge (of piece of furniture); chant
caoba mahogany
capaz *adj.* capable
capucha hood (of sweater)
cara face
caracol *m.* spiral; snail
carcajada belly laugh
cárcel *f.* jail
cardenal *m.* bruise

carecer to lack
carga load
  cargado, a loaded, charged, filled with
  cargar to load, carry
cariñoso, a affectionate
caro, a expensive
carrera race, career
carretilla wagon, cart
cartera wallet, small bag
cartero mailman
cartón *m.* cardboard
casa de campo country home
cascado, a gruff, rough
casco helmet
casero, a homemade, of the home
caso case
  casos por el estilo things like that, similar things
castaño, a brown (chestnut color)
cauzar to cause
cavilar to think
caza prey
  cazadora leather jacket
  cazar to chase, hunt
cazoleta pipebowl (in smoking)
ceder to yield, give over
ceja eyebrow
centellear to glean, glisten
ceñir to cinch up, be tight on
  ceñido, a tight, cinched up
ceñudo, a frowning
cepillo brush
cerradura lock
  cerrajería locksmith's shop
ciclomotor *m.* motorcycle
cierre *m.* closure
cinta (cassette) tape
cintura waist
  cinturón *m.* belt
ciscarse to dirty, to soil
cisne *m.* swan
citar to make an appointment
clac *m.* clacking sound
clandestino, a secret, clandestine
clavar to nail

clave *f.* key, code
cliente *m./f.* customer
  clientela clientele
cobrar to charge, exhange (money)
cochambrozo, a filthy, grimy
cochazo great (fantastic) car
cocina kitchen; cooking stove
cogote back of neck, nape
cojín cushion
cola tail; glue
colarse to filter, penetrate
colegio school
  cole short for *colegio*
coleccionista *m./f.* collector
coletas pig-tailed girl
colgar to hang up
colocar to place, hang (on a wall)
colorado red, reddish
coma comma
comedor dining room
comisaría police station
compinche *m./f.* pal, accomplice
  compincheo association of pals, accomplices
complejo *n.* complex
comprobar to verify, prove
comprometer to compromise
con sigilo secretly, stealthily
conceder to concede
concha (sea)shell
concurrido, a well-attended, busy
conejo rabbit
confiado, a trusted
confianza confidence, trust
  confiar to confide in, trust
confitero pastry baker
confundirse to become confused
congestionar to produce congestion
conjunto (musical) group
conocer al dedillo to know like the back of one's hand, be familiar with
conocido, a *n.* acquaintance
conseguir to obtain, get
consejo advice
consulta consultation
contar to tell; to count

contar una de indios to tell (invent) a story (white lie)
contener contain
  contenido *n.* content
contra against
contradecir to contradict
contraseña countersign, password
convencido, a convinced
convivir to live together
copia copy
coquetería flirting
corcho cork
cornisa cornice
coronilla crown (of head)
corredor *m.* passage, hallway
corregirse to correct oneself
correo mail
correr to run
corro crowd
cortar to cut
  cortado, a stopped, cut off
  cortante *adj.* biting, cutting
  corte cut, style (of clothing or hair)
coser to sew
código code
costar to cost
cremallera zipper
cretino cretin, idiot
criada maid, servant (see also *salirle*)
criar to raise
  criarse to grow up
crispación *f.* contraction, tensing
cristal *m.* crystal
cruasán *m.* croissant
crujir to crunch, creak
cruzar to cross
  cruzar a pie to cross on foot
cuadrado, a square
cuadriculado, a lined in grid form
cuadro picture (painting)
cualidad *f.* quality, trait
cuanto antes as soon as possible
cuanto, a how much, as much, all that
cuartilla small sheet of paper
cubata a kind of cocktail

cubierta cover
  cubierto, a covered
cubo bucket
cuello neck
cuenta account, bill
cuerno horn (of cattle)
cuero leather
cueva cave
¡cuidado! look out! be careful!
  cuidadoso, a careful
culata pistol handle
culpa guilt, blame
cumplir to fulfill, comply
cuneta ditch, gutter
curiosear to be nosy, curious
cuyo, a whose

CH

chamuscar to singe, burn
chaparrón *m.* downpour
charco water puddle
chasco joke, trick
chasquear to click (the tongue)
chaval *m./f.* kid, youngster
chiflar to whistle
chillar to scream, screech
chimenea chimney
chino, a Chinese
chirriante *adj.* creaking, squeaking
chisme *m.* gossip, rumor
chispazo spark
chistar to say a word, speak
chitón quiet, sshhh!
chorizo type of sausage; thief
chófer *m.* driver, chauffeur
chuchería trinket, tidbit
chulo, a pretty (L. Amer.); low-life, impudent (Spain)
chunga joke

D

daño hurt, harm
dar to give
  dar el alto to detain, to shout stop
  dar el pego to fool, deceive
  dar gas to step on it (give it gas)
  dar la cara to show one's face
  dar una palmada to slap (in friendly gesture)
  dar vuelta to turn around
  darlo por hecho to consider it done
  darse cuenta de to realize (as a mental process)
dardo dart
dato fact, piece of information
de acuerdo agreed, alright
de mala gana reluctantly
de moda in fashion, style
de par en par wide open
de repente suddenly
de sobra all too well, in excess
de tal palo tal astilla like father, like son; a chip off the old block
deber *m.* chore, duty
  debido a due to, because of
dedillo little finger
dejar to leave; to permit, let
  dejarse caer to drop, to drop in on
delantero forward (position of player)
delectación *f.* delight
delgado, a thin, skinny
demonio demon, devil
demora delay
dentadura set of teeth
denuncia complaint
dependiente, a *m./f.* sales clerk
derrapar to skid
derribar to tear down
desagradable *adj.* unpleasant
desbloquearse to unlock, unbolt (a door)
desbocar to break the rim of

desbocarse to let off steam; to run away
descargar to unload
descarnado, a lean, bony
descender to descend
descolgarse to let oneself down
desconcertado, a discontented
desconfiar de to distrust
descubierto, a discovered
¡descuida! don't worry!
desembarazarse to clear, get rid of
desempeñar to carry out (one's duty)
desencolarse to come unglued
desenfundar to take out of a holster
desesperado, a desperate
deshabitado, a unoccupied, uninhabited
deshacer to undo, take apart
deshielo *n.* thawing
deshinchar to deflate, flatten
despachar to dispatch, serve (customers)
despectivo, a despicable
despedirse to take leave
  despedido, a sent off, fired
despensa pantry
despintado, a chipped of paint
despistar to throw off the track
despreciar to scorn, reject
destello sparkle, flash (of strobe light)
desternillarse to split one's sides (laughing)
desvanecido, a unconscious, fainted
desventaja disadvantage
desviar to deviate, detour
detalle *m.* detail
detener to arrest, detain
  detenerse to stop (oneself)
  detenido, a detained, arrested
detrás behind
devolver to return (something)
devorar to devour
diablo devil
diana target (of dart board)
diario newspaper; diary
dichoso, a happy, content
dictar to dictate
dientes *m.* **de conejo** buck teeth
dime tell me, speak up

dinamitero one who uses dynamite
dinerillo little bit of money
dirigirse to address oneself to, direct oneself to
disco disk, round plate
diseño design
disimular to hide, conceal
  disimulo concealment, disguise
dispararse to go off, sound off
  disparado, a shot (bullet), fired
disponer to make available, ready
  dispuesto ready, disposed
distraerse to be distracted
  distraído, a distracted
divertir to divert, entertain
  divertido, a fun
doblar to turn (something back or around)
doblón doubloon (old Spanish coin)
docena dozen
doler to hurt
dominical (refers to) Sunday
dominó game of dominoes
dorado, a gilded, golden
dudar to doubt
dueño, a owner
duro, a hard

E

ebanista *m./f.* cabinet maker
echar to throw, pour
  echar a correr to start to run, take off running
  echar cuentas to reckon with, calculate
  echar el ojo to look around
  echar la llave to turn the key
  echar una partida to play a game
efe letter *F*
eficaz *adj.* efficacious, efficient
ejecutar to execute
elegir to choose
elepé *m.* long-playing record
elisión *f.* deletion

embarrancado, a bogged down, run aground
embotellamiento traffic jam, bottleneck
embozo turned-down sheets (of bed)
emisora two-way radio
emitir to emit, broadcast
emotivo, a emotional
empañar to mist up, well up (with tears)
empeñarse to insist, persist
emprender to undertake
empresa business, enterprise
empujón *m.* push
empuñar to grab, take hold
en cuanto as soon as
en espera in hopes, waiting
en marcha in motion
en seguida immediately, quickly
en un abrir y cerrar de ojos quickly, in a wink
en voz alta aloud, out loud
enamoramiento loco infatuation
encaminarse to begin to walk, start off walking
encandilado, a erect, dazzled
encantar to like very much, enchant
encapricharse to be whimsical, capricious
encaramarse to climb up, scale (a wall)
encararse to face up to
encargado, a *n.* person in charge
  encargado, a in charge of
  encargar to order, entrust with
  encargarse to be in charge
  encargo errand, job
encastillado, a dug in; firm (in one's point of view)
encender to light (a fire)
  encendedor (cigarette) lighter
  encendido, a lit up, fired up
encerrar to enclose, lock up
  encerrado, a closed in
  encerrona *n.* closing in on
encima above, on (one's person)
encogerse to shrink, shrug (one's shoulders)
  encogido, a shrunk up
endurecer to harden

energúmeno crazy person
enfermera nurse
enfriar to cool off
engañar to deceive, trick
  engañoso deceitful
engrasado, a oiled
engullir to swallow, gulp down
enigmático, a puzzling
enjaulado, a caged
enlace *m.* connection, liaison
enriquecer to enrich
enrojecer to redden
ensortijado, a curled, ringed
ensuciar to make dirty
enterarse to find out, become informed
entierro burial
entornar to roll, move around
entre among, between
entreabierto, a half opened
entrecejo brow
entrecerrar to squint, half close
entrecortado, a faltering, broken
entregar to surrender, hand over
entremetido, a interfering, meddlesome
entrenador *m.* coach
entresemana weekdays
entretenerse to entertain, pass the time
entusiasmarse to become excited
enumerar to enumerate, list
enunciado utterance
envejecimiento aging process
envidia jealousy, envy
enzarzado, a mixed up in, involved in
época period of time, epoch
equipado, a equipped
equipo equipment; team
equis letter *X*
erre que erre even though I (you) may be wrong
escabullirse to slip away, slip through
escalar to climb
  escalera ladder, staircase
  escalón *m.* step (of stairs)
escalofrío chill
escandalera scandalous or frightening noise

escaparate *m.* store window
escarolado, a curly
escándalo scandal
escoger to choose
escolta (police) tail, honor guard
  escoltar to follow, tail
esconderse to hide oneself
  escondido, a hidden
  escondite *m.* hideout, hiding place
  escondrijo hiding place
escudo shield
escultura sculpture
escupir to spit, yell out
escurrirse to scurry off
esforzarse to force oneself
esfuerzo effort
esmero care, neatness
  esmerilado, a polished (with emery paper)
espada sword
espaguetis *m.* spaghetti
espalda back
espantar to frighten
esparcir to scatter, spread
espejito little mirror
espeso, a thick
espetar to spit out, rap out (an order)
esponjoso, a spongy
esposas handcuffs
esqueleto skeleton
esquina corner (of a city block)
estacionar to park
  estacionado, a parked
  estacionamiento parking lot or area
estallar to explode
  estallido explosion
estante *m.* shelf
estar a punto de to be on the verge of
estar en el ojo to be in on it, informed
estar metido(a) en to be involved in
estilo style
estrecho, a narrow
estrella star
estrenar to show off or wear something for the first time
estridente *adj.* shrill

estruendo sound of thunder
  estruendoso, a thunderous
estudio study, den
estupendo, a stupendous, great
evitar to avoid
excusado toilet
exhibir to exhibit, display
exigir to demand
explotar to exploit, explode
exponer to expose
  expuesto, a exposed, open
extrajo < extraer to take out, extract
extranjero foreign (person or place)
extrañar to surprise, miss
  extrañado, a surprised
  extraño, a strange

F

fachada façade
faena job, act
fallecer to die
falsificar to falsify, make fraudulent
faltar to be lacking
fans fans (e.g., of sports)
fardo bundle; parcel
fascículo bundle; part of a book published as a separate section
fábrica factory
feroz *adj.* ferocious
fiar to trust
fichado, a registered
fichero file, filing system
fiel *adj.* faithful, loyal
fiera wild animal
figurilla little figurine
fijarse en to notice, fix attention on
  fijo, a fixed, stationary
finca farm
fingir to pretend
finito, a fine, thin (diminutive form)
firma signature
  firmar to sign

flaco, a thin
floresteria florist shop
fondo area behind, bottom
forzar to force
frasco small bottle, flask
frase *f.* sentence
frenar to stop or slow down, put on brakes
  frenado, a slowed down
  frenos brakes; dental braces
frenético, a frantic
frente a facing, opposite
frente *f.* forehead
frente *m.* front (of battle field)
fritura fried food
frotarse to rub (oneself)
fruncir to wrinkle (one's brow, mouth); to purse one's lips
fuera outside
fuerte *adj.* strong
fuerza force
fuga escape, flight
furgoneta small delivery truck
furia anger
futbolín *m.* foosball (table soccer)

G

gabardina gabardine jacket
gafas (eye)glasses
gamberrada prank, act of vandalism
gana desire
gancho hook
garfio hook
gastar to spend, expend
gatillo trigger
genial *adj.* great, fantastic, brilliant
genio genius
gesto gesture, (facial) expression
géneros (perishable) foods
gigante *m./f.* giant
girar to revolve, go around
  giro tour, turn
gol *m.* goal (in sports game)

golpe *m.* hit
golpecito small tap, hit
goma glue; rubber
gorra cap
gota drop
  gota de agua the last straw
grabación *f.* recording
  grabadora (cassette) recorder
granate *adj.* of reddish color
graznido squawk, cackle, cawing
gris *adj.* gray
grito shout (see *último*)
grueso, a thick
grúa tow truck
guante *m.* glove
  guantazo slap of a glove
  guantera glove compartment
guapo, a handsome, pretty
guardar to keep, save
  guardaespaldas *m.* bodyguard
  guardia guard
  guardián *m.* guardian
guarida den, hangout
guerra war
gueto ghetto
guiñar to wink
  guiño wink
guía *f.* guidebook
  guía *m.* guide (person)
güeno aberrant pronunciation for *bueno*

H

haber habido there has (have) been
habitual habitual; person who does something habitually
habla speech
hacer to make, do
  hacer de tripas corazón to take heart, lift up one's spirits
  hacer los honores to do the honors, undertake to do something
  hacerse to be done, be made

hacerse el dormido to pretend to be asleep
hacerle caso to pay attention to someone, mind someone
hacia toward
¡hala! come on! go on!
hallarse to be found
hallazo discovery
haya subjunctive form of *hay*
hebra fiber, string
helado, a frozen
heredar to inherit
herencia inheritance
herido, a wounded
herramienta tool
hierro iron
hijo único only child
hilo line, string
historieta short story, anecdote
hogar *m.* home
hoguera fireplace, hearth
hoja leaf; sheet (of paper)
hojear to leaf through (a book)
hojilla small page, sheet (of paper)
¡hola! hi!
hombro shoulder
honradez *f.* honor, honesty
honrado, a honorable, honest
horno oven
hueco hollow space
hueso bone
huesudo, a bony
huir to flee
humo smoke
hundirse to sink
hundido, a sunk, submerged
husmear to sniff around, examine

I

ignorar to ignore, not notice
imperdible *m.* pin
imperio empire
imprenta print shop

imprevisto (unforseen) problem, obstacle
imprevisto, a unforeseeable
improviso, a unexpected, unforeseen
inacabado, a unfinished
incluso including, inclusive
indicio index
inesperadamente unexpectedly
informe document, report
ingeniármelas to be inventive, be creative
inmóvil *adj.* motionless
inodoro toilet
inolvidable unforgettable
inquietar to annoy, agitate
insinuar to insinuate
inspirar to inspire
intentar to try
intento attempt, try
intervenir to intervene
introducir to put into, introduce
intuir to intuit, use intuition
inverso inverse
ir to go
ir negando to go along denying
ir por to look for, be in search of
írsele el santo al cielo to forget completely, lose one's train of thought
ira anger
isla island
índice *m.* index; index finger

J

jabón *m.* soap
jardinera window box; open street car
jefatura position of boss, place where boss is located
jefe *m.* boss, chief
jerga slang, jargon
jersey *m.* sweater
judiada dirty trick; extortion
juego game
jugar to play (a game)
jugador *m.* player

jugarse la vida to risk one's life
jugoso, a juicy
juguetear to play (with a toy)
junto, a next to; *pl.* together
juramento oath, swearing
júbilo joy

L

la que se va a armar the fuss that will be made; there's going to be real trouble
ladrar to bark, shout
ladrillo brick
lagartija lizard
lana wool
lanzadestellos strobe lights (on police car)
lanzar to throw
　lanzarse to throw oneself
lapicero pencil case (Spain)
largo, a long
latir to beat (in heartbeats)
　latido (heart)beat
lavabo wash basin
lámpara lamp
lejos far away
leña firewood
león *m.* lion
lesionarse to be hurt
letanía litany, oral prayer
letra letter (of alphabet); lyrics
ley *f.* law
librería bookstore; set of bookshelves
　librero bookseller, owner of a bookstore
libreta small book, note pad
lienzo canvas (for painting)
ligar to go steady, to date
ligero, a light, quick
liso, a smooth
listo, a smart, ready
líder *m.* leader
lío mess, problem
lívido, a livid

lo divertido the fun part
lo ocurrido that which occurred
lo sucedido that which occurred, happened
lobo wolf
lograr to attain, achieve
loma hill, mound
lomo back, spine (of book)
lona canvas material
losa cement slab
lujoso, a luxurious, expensive
luz *f.* light

LL

llama flame
llamada (phone) call
llano, a flat
llave *f.* key
llevar a rastras to drag (along)
　llevarse to take away, cart off
llorar to cry

M

macizo, a solid
madera wood
madriguera (animal) den, lair
madurar to mature
　maduro, a mature, grown up
maldición *f.* curse
malicia evilness
mancha spot, stain
mandar to command, order
　mandar hacer to have made
mandarina mandarin orange, tangerine
mandón *n.* bossy person
maniobra maneuver
　maniobrar to maneuver
mantenimiento maintenance

marca brand
marcar to mark; dial (a phone)
  marcarse to be recorded; to score
marrón *adj.* brown
martirio martyrdom, suffering
masa mass; dough
mascullar to mumble; chew
matarse to kill (oneself)
  matar a tiros to shoot dead
matasanos slang for *doctor*
mates *f.* short for *matemáticas*
mayor *adj.* major, most important
mayorista *m./f.* wholesaler
máquina machine
mármol *m.* marble
mechero lighter wick, flint
medida measure
medio middle, half-way
megafonía megaphone, loudspeaker
mejilla cheek
mejorarse to improve (oneself)
melocotón *m.* peach
memez *m.* silly or stupid thing
menos mal thank goodness
mensaje *m.* message
  mensajero messenger
mente *f.* mind
mentir to lie
  mentira lie, falsehood
mentón *m.* chin
menudo, a small, detailed
  ¡menudo, a + noun! what a + noun!
merecer to warrant, merit
merluza hake (type of fish)
mesilla small table
metáfora metaphor
meterse to get into, be involved in
  meter la pata to put one's foot in it, make a *faux pas*
mezclar to mix
  mezclarse to get mixed up (in something)
  mezcla mixture
michelín *m.* (rubber) tire; waistline fat
mientras while
  mientras tanto meanwhile
minúsculo, a very small

mirada glance, look
mirar al frente to look straight ahead
mocoso, a (sniffling) brat, scamp
modales *m.* manners
mono overalls; male monkey
monogramista *m./f.* signer, monogrammer
montarse to get on, mount
montura frame (for eyeglasses)
moño bow
morro snout, nose
mosca fly
mostrar to show
mota speck
  motita tiny speck
motorista *m./f.* traffic cop
mozo de reparte delivery boy
mueble *m.* piece of furniture, shop equipment
mueca grimace
multa fine (of money)
muñeca wrist
murmurar to mumble
museo museum
mutuo, a mutual

N

negar to negate
nanay no way, not at all
narices (see *puro de narices*)
narrar to narrate
negocio business
neumático (rubber) tire
ni caso no way
ni corto ni perezoso without thinking twice
ni pío not a peep
nieto grandson
nieve *f.* snow
no bien as soon as
noche de guardia night watch, guard duty
nombre de guerra secret name

nota note
notario legal advisor, notary
noticias news
novedad *f.* novelty, new event
nublado, a cloudy
nudillo knuckle

O

obra work (in general)
  obra de arte work of art
  obrero worker, laborer
ocio leisure
ocultarse to hide, (to be hidden)
  oculto, a hidden
oficio occupation, post
ofrecerse to volunteer, offer oneself
oír to hear
ojazo large (bright) eye
¡olé! bravo!, well done!
oler to smell
  oler a podrido to stink
  olor *m.* odor, smell
olvidarse to forget
opuesto, a opposite
ordenar to put in order
orgullo pride
ortodoncia orthodontics
os object pronoun of *vosotros*
oveja sheep
óxido rust
  oxidado, a rusted

P

pacotilla goods (of little worth)
pacto pact, agreement
paga salary, pay
paisaje *m.* landscape
pala shovel

paladar *m.* palate (in mouth), retainer
palidecer turn pale
  palidez *f.* paleness
palmada the slap of a palm
  palmear to slap with an open hand
pana corduroy
pandilla gang
panoli *m./f.* fool, stupid person
pantalla screen, lampshade
paquete *m.* package
par *m.* pair
parar to stop
  parado, a stopped
parche *m.* patch (on torn clothes)
parecer to seem
pared *f.* wall
pareja pair (of people or things)
parpardear to flutter eyelids, blink
participio pasado past participle
partida match, game
partir to split, break apart
pasadizo passageway
pasar de la raya to step over the line
pasatiempo hobby
pase *m.* pass, permit
  pase adelantado forward pass (in soccer)
paso step, pace
pastelería pastry shop
pastor *m.* pastor
pata leg of chair, animal, etc.
patearse to kick, kick along
patrulla patrol
pausadamente slowly
pájaro bird
párpado eyelid
pecho chest
pedante *adj.* rule-oriented, pedantic
pedazo piece (of material)
pedir to ask for, order
pegarse to stick oneself to
pego (see *dar el pego*)
peldaño step (of stairs)
pellizcar to pinch
pena pain, grief
pender to hang

pendiente f. slope
penumbra shadow, semi-darkness
perder to lose, miss
  perder de vista to lose sight of
perfil m. profile
pergamino parchment
permanecer remain
perrera dog catcher's truck
perseguir to pursue
  persecución f. pursuit
pescar to fish
peseta unit of money (in Spain)
pesquisa inquiry, search
petardo cherry bomb, firecracker
pico pick ax
picotear to pick through, browse
piel f. skin, leather
pieza piece; room
pila pile; small battery
pinaza kindling (wood)
pincelada small brush stroke
pino pine
pinta the look of, appearance
pintadito, a quite made up (with mascara)
pintamonas m./f. third-rate painter, slang for artist
pintura paint; painting (piece of art)
pipa (smoking) pipe; sunflower seed
pique < **picar** to bite; sting
pirata m. pirate
pisada footstep
piscina swimming pool
piso floor; apartment (Spain)
pista track, trail
  pistas clues
pistolero gunman
pitido whistle noise
pícaro rogue, ruffian
pío peep
placa badge
plagio plagiarism
  plagiado plagiarized
planchadísimo, a very well-ironed
planta floor; plant
  planta baja ground floor

pleno, a full, complete
pluma pen; feather
poder con to be successful
podrido, a rotten
poli < **policía** m./f. cop, police
polvo dust
ponerse a to begin to
  ponerse en pie to stand up
por casualidad by chance
por correo by mail
por culpa de because of, due to
por eso therefore
por fin finally
por las buenas willingly
portal m. entrance hall, doorway
portarse to behave, conduct oneself
portazo door slam
portero automático intercom system at entrance of building
portezuela small door
postizo, a false
precipitarse to be precipitated; to throw oneself
precisar to state precisely
prefijo prefix
prenda decorative pin; article of clothing
prender to light (a fire); to catch
  prendido, a pinned, caught
presenciar to witness, be present
presión f. pressure
prestar to loan, lend
  prestado, a loaned, lent
prestidigitador magician (slight of hand)
presumido, a conceited, presumptuous
prevenir to prevent, anticipate
prever to foresee, forecast
principio beginning, principle
pringoso, a sticky, dripping
prisa hurry, swiftness
proceder to come from
  procedimiento procedure
procurar to try
profe m. short for *profesor*
propietario, a n. owner
proponer to propose

propósito purpose
proseguir to continue
proteger to protect
  protegido, a protected
pudrir to rot, spoil (or *podrir*)
puesto vendor's stall or shop
pulgar *m.* thumb
pulla put down, sarcastic remark
puma *m./f.* cougar, mountain lion
pundonor *m.* point of honor
puntapiés *m.* tiptoes
puño fist
  puñetazo blow with a fist
puro, a *adj.* pure
puro *n.* difficulty; cigar
  puro de narices serious problem

Q

Que si... que si... que si, there's this... there's that... there's the other...
¡qué va! nonsense!, no way!
quedarse to remain
querer to want, desire
quién cuernos who the devil, who in the heck
quinqué *m.* oil lamp
quitar to take away, take off
  quita y pon take-out-and-put-back-in, reusable
  quitar hierro to ease the situation
quizá perhaps

R

rabillo corner (of eye); end
rabo de buey ox tail
raro, a rare, strange
rascarse to scratch oneself
rata rat
rato short time
raya line, stripe
ráfaga gust (of wind); quick movement
reanimar to revive, make recover
receta prescription, recipe
recibidor *m.* entrance hall, parlor
recibo receipt
recien llegado, a *n.* recent arrival (person)
recinto area, zone
recoger to pick up
  recogido, a gathered
recorrer to go around, scour
recuerdo memory, souvenir
recurso resource
redondo, a round
reflejar to reflect
reflexionar to reflect, contemplate
reforzar to reinforce
refunfuñar to grumble, moan
regalar to give (a gift)
  regalo gift
regañina scolding
registrar to inspect, search
regla rule
reglamento rule, regulation
regresar to return
rehén *m.* hostage
rellano stair landing
reluciente *adj.* shiny
remedio recourse
renacimento renaissance, rebirth
reñir to scold
reojo corner of the eye
repantigado, a stretched out
reparar to repair
repartir to distribute
  repartidor *m.* deliverer, distributor
  reparto giving out, sharing
replanchado, a neatly pressed
reponer to reply, replace
reposar to rest, lie on
reprochar to reproach
rescate *m.* ransom
resfriarse to catch cold
resina resin

resoplar to pant, breathe heavily
respetuoso, a respectful
respondón, -ona *n.* argumentative, saucy (see also *salirle*)
restaurar to restore
restregar to rub hard, scrub
  restregarle por los morros to rub one's nose in it
resultante *adj.* resulting
resumir to summarize
retirar to take back, retire
  retirado, a retired
retrete *m.* toilet
retrovisor *m.* rearview mirror
retumbar to thunder, resound
reunirse to join, reunite
  reunido, a together (in a meeting), reunited
revelar to reveal
revisar to review, proofread
revista magazine
rezar to pray
rincón *m.* corner (of a room)
ritmo rhythm
roble *m.* oak tree
rodaja slice, piece
rogar to pray, beg
rojizo, a reddish
romper a llorar to burst into tears
ron *m.* rum
ronco, a hoarse
roquero rock musician
rostro face
rozar to rub, brush against
rubiales *m./f.* blond-haired (person)
ruido noise

S

saber to know; to taste like
  saber a ciencia cierta to know for sure
  sabor *m.* taste
sabueso bloodhound, detective

sacamuelas tooth puller (slang for dentist)
sala room
  sala de estar living room
saldado, a evened up (as in an account)
salida way out, exit
  salirse de la tangente to evade the issue, dodge the question
  salirle la criada respondona to get more than one bargained for
salvar to save
salón *m.* living room, large hall
saltar to jump
sanitario public restroom
sano, a healthy, sane
santiamén *m.* something done quick as a wink
sapo toad
seco, a dry
secreta *m.* secret policeman
seda silk
seguir to follow, continue
  seguido, a in a row, consecutive
según according to
semáforo traffic light
semejante *adj.* similar
sentenciar to declare, sentence
sentido sense; direction (of street)
seña sign
señalar to point out, indicate
  señal sign, signal
sepia staining agent (for wood)
serenarse to compose oneself, become serene
serrín *m.* sawdust
sierra saw (tool)
sigla acronym
silbido whistle
sillón *m.* easy chair, overstuffed chair
sin barnizar unvarnished
sin habla speechless
sin hilo wireless
siniestro, a sinister; left-sided
siquiera even if, though
sirena siren
sirope *m.* syrup
situar to situate

so very (argumentative element)
so pedante *adj.* very pedantic
sobaquera shoulder holster
sobre *m.* envelope
sobreentender to understand, deduce
sobretodo above all
sobrevivir to survive
soler + inf to usually + verb; to frequently + verb
soltar to let loose (e.g., one's tongue), release
sombra shade, dark area
sonar to sound; to look familiar
sonreír to smile
  sonrisa smile
sonrojarse to blush (with shame)
sordo, a hard of hearing, deafened
sortear to decide by lots, evade (something)
sosegado, a calm, quiet
sospecha suspicion
  sospechoso, a suspicious person
sótano basement
suave *adj.* soft
  suavidad *f.* softness, smoothness
subirse a to go up (get into)
sucedido, a happened
suceso event, happening
suelo ground; floor
sudar to perspire, sweat
suéter *m.* sweater
  suéter de cisne turtle-neck
sufrir to suffer
sujeto subject
  sujeto, a subjected, caught
suponer to suppose
sur *m.* south
suscribirse to subscribe
  suscrito, a subscribed
suspirar to sigh, swoon
sustantivo noun
susto fright
susurrar to whisper
  susurro sigh, whisper
súbitamente suddenly
  súbito, a sudden

T

tabaco en hebra pipe tobacco
tabique *m.* wall
tabla (wooden) board
taburete *m.* stool
talla carving (in wood), cutting (of precious stones)
taller *m.* workshop
talon *m.* heel
tamaño size
tan pronto como as soon as
tangente *f.* tangent
tapa cover
  tapar to cover, squelch
tardar to delay
tarta cake, pastry
tebeo comic book (Spain)
techo roof, ceiling
tecla key (of typewriter, touchtone phone, piano etc.)
tejado (tiled) roof
tejanos (blue) jeans
tela cloth, canvas (for painting)
temor *m.* fear, fright
temporada season, period of time
tender to extend, hold out to
tenderete *m.* stall, stand (for selling things)
teñido, a tinted
terraza terrace, patio
tesoro treasure
testamento will (legal document)
tienda tent; store
tinta ink
  tintado, a tinted, dyed
tiparraco jerk, heel (person)
tipo type; guy
tira strip (of cloth, paper, candy, etc.)
tirar to pull, draw to
  tirar de to pull on
titubear to hesitate, stammer
titular *adj.* regular (as in *equipo titular* [regular team, varsity team])

tocarse to touch oneself or reciprocally one another
  tocado touched, *touché* (from French)
toldo awning
tontainas *m./f.* fool, idiot
torcer to twist
torta cake; slap
tortolito turtledove, inexperienced person
traer to bring
traficante *m./f.* trafficker
tragar to swallow
  trago swallow, gulp
traidor *m.* traitor
trampilla trap door
tras after, behind
  trasero, a behind; *n.m.* backside
  trastienda backroom (of a store)
travesura naughty act, prank
tránsito traffic
trepar to climb
triste *adj.* sad
tropa group, troop
tropezón *m.* stumble
truco trick
tubo de escape exhaust pipe
tumbar to fall down

U

último grito the last word
unir to join, unite
unísono unison
urgir to prompt, urge
único, a unique, only

V

vaciar to empty
  vacío, a open space, empty area
vale alright, okay (Spain)
valor *m.* value, valor
  valioso, a valuable
¡vaya! wow!
  vaya tinglado what a mess, mystery
  ¡vaya birrias! what junk!; how horrible!
  ¡vaya + noun! what a + noun!
vecindad *f.* vicinity, neighborhood
  vecino, a *n.* neighbor
ventaja advantage
verdura (green) vegetable
vergüenza shame
vestirse to dress
vidrioso, a glassy
viento wind
vigilar to keep vigil, be on the lookout
visera visor
visillo curtain
vivienda living quarters
vivo living person
volante *m.* steering wheel
volar to fly
voluntad *f.* will (see *buena voluntad*)
votación *f.* vote
vocablo word
vozarrón *m.* powerful, booming voice
vuelo flight

W

wáters toilets (< water closet)

Y

ya que since
ya okay, already

Z

zambullirse to dive (into a pool)
zancada stride, long step
zapatillas slippers
zumbar to ring, buzz
  zumbido buzzing, noise of a siren